サラダ便利帳

主婦と生活社

もくじ

定番サラダ

009 ポテトサラダ
010 シーザーサラダ
011 チョレギサラダ
011 コールスロー
012 マカロニサラダ
013 コブサラダ
014 タラモサラダ
014 ジャーマンポテトサラダ
015 豆腐サラダ
016 海藻サラダ
017 かぼちゃサラダ
017 ごぼうのマヨサラダ
018 中華風春雨サラダ
018 タイ風春雨サラダ
019 ベトナム風春巻き
020 シーフードサラダ
020 グリーンサラダ
021 フルーツヨーグルトサラダ
022 野菜のせいろ蒸しサラダ
022 帆立のタルタル風
023 野菜のピクルス

素材別サラダ

アスパラガス
025 グリーンアスパラのマヨネーズ炒め
026 アスパラの焼きびたしサラダ
026 アスパラとあさりのサラダ

アボカド
027 アボカドとかぶのトマトミックス
028 アボカドディップ
028 アボカド納豆
028 アボカドミルク

いんげん
029 いんげんの黒ごまサラダ
029 いんげんの黒ごまフライ
030 いんげんとちくわの梅サラダ
030 いんげんとハムのピリ辛ゆず風味

オクラ
031 オクラとかまぼこのサラダ
031 オクラとれんこんの和風サラダ

かぶ
032 かぶの粒マスタード風味
032 かぶとみょうがの梅肉あえ
033 かぶとさけのマリネ
033 かぶとベーコンのクリームサラダ
034 かぶの明太子あえ
034 かぶの即席漬け
035 かぶとたくあんのもみ漬け
035 かぶの千枚漬け風

かぼちゃ
036 かぼちゃのマリネ
037 ゆで卵入りかぼちゃの温サラダ
037 かぼちゃのカリカリマスタード
038 かぼちゃサラダの豆腐クリームあえ
038 かぼちゃとにんじんの ホットサラダ
039 かぼちゃの豆乳スープ
039 かぼちゃの蒸し煮

カリフラワー

040 カリフラワーとツナのゆかりあえ
040 カリフラワーと小玉ねぎのカレー風味
041 カリフラワーといんげんのたらこソース
041 カリフラワーのバンバンジー風サラダ

きのこ類

042 しめじとマッシュルームのポン酢サラダ
042 しめじとベーコンのサラダ
043 マッシュルームと
　　しめじのオイルアンチョビー
043 焼きしいたけの梅肉あえ

キャベツ

044 キャベツのコチュジャンみそ
044 キャベツとさきいかのバターじょうゆ
045 キャベツとパイナップルのチーズサラダ
045 キャベツとしらすのサラダ
045 パープルコールスロー
046 キャベツのレモンあえ
046 キャベツのバジル風味
047 キャベツときゅうりの桜えび風味
047 キャベツのチーズサーモン巻き

きゅうり

048 きゅうりの中華サラダ
048 きゅうりとくずし豆腐のサラダ
049 うなきゅう生春巻き
049 きゅうりとくらげのピリ辛あえ
050 きゅうりの紅しょうが風味
050 きゅうりのさっと漬け
051 きゅうりのさっぱりサラダ
051 きゅうりとフェタチーズのサラダ
051 きゅうりとにんじんのさんしょう風味

クレソン

052 クレソンのチーズサラダ
052 クレソンのはちみつサラダ
053 クレソン納豆
053 クレソンと大根のガーリックソルト

ごぼう

054 きんぴらごぼう
054 ごぼうとささ身のサラダ
055 ごぼうとうずら卵のみそ漬け
055 ごぼうのカレー風味ポタージュ

小松菜

056 小松菜のガーリックサラダ
056 小松菜とさつま揚げのサラダ
057 小松菜のさっと煮
057 小松菜とおからのサラダ

さつまいも

058 さつまいものオレンジサラダ
058 いも・栗・かぼちゃサラダ

じゃがいも

059 じゃがいもとさけのサラダ
060 即席ベイクドポテトサラダ
060 じゃがいもとごぼうのサラダ
061 じゃがいもとたこのマリネサラダ
061 ミルクポテトサラダ
062 ロシア風サラダ
062 じゃがいもとねぎのチヂミ風
063 チーズじゃが
063 刻みじゃがと塩昆布のあえもの
063 マスタードじゃが
063 簡単ポテトチップス

春菊

064 春菊とトマトのサラダ
065 春菊のマヨ豆腐あえ
065 春菊とにんじんの白あえ
066 春菊と豆腐のたらこドレッシングサラダ
066 春菊とうなぎのサラダ

ズッキーニ

067 ズッキーニのハーブオイル
067 ズッキーニとにんじんの
　　アンチョビーサラダ

スプラウト／アルファルファ
068 スプラウトのサーモン巻き
068 アルファルファのしば漬けあえ
セロリ
069 セロリの明太ドレッシング
069 セロリとにんじんのサラダ
069 セロリのさっぱり漬け
070 セロリの五香粉風味
070 セロリのあっさり昆布
大根
071 大根とゆで卵のサラダ
072 大根と生ハムのレモン風味
072 大根の紹興酒漬け
073 大根とそら豆のナンプラー漬け
074 大根の梅干し塩昆布あえ
074 ねばねばサラダ
075 大根スティック
075 大根サンド
075 香ばし大根
075 大根のともあえ
玉ねぎ
076 玉ねぎのさっぱりサラダ
076 オニオンピクルス
077 中華風サラダ
077 玉ねぎの和風サラダ
078 玉ねぎ焼き
078 玉ねぎのおかかあえ
078 オニオン炒め
078 玉ねぎのトースター焼き
チンゲンサイ
079 チンゲンサイのごま油風味
079 チンゲンサイと干しえびのサラダ
080 チンゲンサイと油揚げの煮びたし
080 チンゲンサイのにんにく炒め

とうもろこし
081 コーンときゅうりのサラダ
081 コーン天
トマト
082 トマトのメープルサラダ
083 トマトのオニオンサラダ
083 プチトマトのレモンマリネ
084 プチトマトと香菜のサラダ
085 プチトマトの変わり漬け
085 トマトとひよこ豆のマリネ
086 トマトラッシー
086 プチトマトのコンポート
086 プチトマトととんぶりのサラダ
087 塩トマト
087 トマトのカルパッチョ
087 とろとろトマト
087 こんがりトマト
長いも
088 長いもの梅たたきあえ
088 長いもとたこのピリ辛あえ
088 長いもとなめたけのサラダ
089 長いもの甘酢あんがらめ
089 長いもと海藻のラー油みそ
090 長いもと笹かまぼこのサラダ
なす
091 なすのねぎソースかけ
091 揚げなすのピリ辛漬け
092 なすとしめじのバルサミコ酢
092 なすとエリンギのマリネ
093 なすの香味漬け
093 なすのからし漬け
094 なすの和風サラダ
094 焼きなす
095 なすのごまマヨあえ
095 ゆでなす

菜の花
096 菜の花のヨーグルトサラダ
096 菜の花のピリ辛にんにく
097 菜の花と帆立のサラダ
097 菜の花のくるみあえ

にら
098 にら玉
098 にらと万能ねぎのオイスター風味
099 にらのピリ辛じょうゆ
099 にらのおろしあえ

にんじん
100 にんじんの中華風ごまあえ
101 パリパリ松前漬け
101 キャロットラペ
102 キャロットナムル
102 にんじんの粒マスタードあえ
102 にんじん焼き
102 にんじん酢もみ
103 にんじんとりんごのジュース
103 にんじんのごはんポタージュ

ねぎ
104 ねぎのアンチョビーマスタード
104 ねぎと鶏の中華サラダ
105 ねぎの酢みそあえ
105 わけぎのぬたあえ

白菜
106 白菜のゆず昆布
106 白菜のふりかけあえ
107 白菜のチーズサラダ
107 辣白菜

ハーブ
108 ルッコラのごまサラダ
108 パセリのサラダ
109 根みつばのエスニックサラダ
109 みつばとささ身の和風サラダ
110 みょうがの梅酢漬け

110 みょうがと鶏肉のサラダ

ひじき
111 ひじきのごまマヨサラダ
111 ひじきの煮もの

ピーマン／パプリカ
112 ピーマンのマリネ
112 パプリカの昆布サラダ
113 パプリカのピクルス
113 パプリカとマンゴーのジュース
113 焼きピーマンじゃこサラダ
114 ピーマンとあじのマリネサラダ

ブロッコリー
115 ブロッコリーとヤングコーンのサラダ
115 ブロッコリーのさんしょうじょうゆあえ
116 ブロッコリーの白あえサラダ
116 ブロッコリーとじゃがいものディップ風

ほうれんそう
117 ほうれんそうとベーコンのサラダ
117 ほうれんそうのわさびあえ
118 ほうれんそうのおひたし
119 ほうれんそうののりあえ
119 ほうれんそうのマヨサラダ
119 ほうれんそう炒め
119 ほうれんそうのくたくた蒸し

豆
120 枝豆とうずら卵のサラダ
120 ミックスビーンズのオニオンビネガー
121 そら豆とサーモンのサラダ
122 ひよこ豆のサラダ
122 スナップえんどうのマヨネーズソース

水菜
123 水菜とツナのサラダ
123 水菜とパプリカのシーザーサラダ

もやし

124 もやしのわさびマヨネーズ
124 豆つきもやしと桜えびのねぎ油
125 もやしのXOジャンあえ
125 もやしのポン酢じょうゆ炒め

レタス

126 ポーチドエッグのせレタスサラダ
126 中華風レタスのサラダ
127 あさりレタス炒め
127 レタスジュース

れんこん

128 れんこんとえびのヨーグルトあえ
128 れんこんのカレー風味漬け
129 根菜とカリカリちりめんの甘酢漬け
129 れんこんと油揚げのパリパリサラダ

わかめ

130 わかめときゅうりの酢のもの
131 わかめのバター炒め
131 わかめとヤングコーンの
　　 酢みそドレッシング

主菜サラダ

鶏肉

137 グリルドチキンサラダ
138 サンチュの蒸し鶏巻き
138 ささ身のクリーミーサラダ
139 鶏肉とじゃがいものホットサラダ
140 ピリ辛照り焼きチキンサラダ
140 鶏から揚げの香味野菜マリネ

豚肉

141 豚のから揚げと春菊のサラダ
141 豚しゃぶの青菜包み
142 豚しゃぶごまサラダ

牛肉

143 ローストビーフのサラダ
144 牛肉のピリ辛サラダ
144 牛肉の紅しょうが焼きサラダ
145 牛肉のエスニック風サラダ
145 牛肉のガーリック風味サラダ

魚介

146 白身魚のサラダ仕立て
147 かじきのムニエル・エスニックサラダ
147 かつおの香味油サラダ
148 いわしのキムチ巻きフライサラダ
148 いわしとかぶのらっきょう風味サラダ
149 いわしのカルパッチョ風
149 揚げざけのマリネサラダ
150 刺身と香菜のアジアンサラダ
150 あぶりまぐろの
　　 レモンドレッシングサラダ
151 かきのグリーンマリネ

主食サラダ

ごはん
153　まぐろとアボカドのどんぶり
154　ジンジャーポークボウルサラダ
154　アボカドと米のレモンペッパー
155　タコライス
155　クスクスのタコサラダ
156　パリパリビビンバ

麺
156　たっぷり野菜の冷やしうどん
157　にらとまぐろ納豆のそうめん
157　ごまだれサラダそうめん
158　フレッシュトマトのサラダパスタ

パン
159　ベイクドポテトトースト
159　ブレッドサラダ

Column

サラダがもっとおいしくなる
ドレッシング
132　和風ゆず風味ドレッシング
132　エスニックドレッシング
132　ブルーチーズドレッシング
132　梅ドレッシング
132　マヨネーズ
132　中華ドレッシング
132　フレンチドレッシング

野菜で作る
さっぱりドレッシング
134　長ねぎドレッシング
134　にんじんドレッシング
134　長いもわさびドレッシング
134　大根おろしドレッシング
134　トマトドレッシング
134　ノンオイル薬味ドレッシング

134　バジルドレッシング
134　にらドレッシング
134　玉ねぎドレッシング

マヨネーズで作る
クリーミードレッシング
135　ごまミルクマヨネーズ
135　のりわさびマヨネーズ
135　明太レモンマヨネーズ
135　中華マヨネーズ
135　トマトのオーロラソース
135　かつおみそマヨネーズ
135　パセリマヨネーズ
135　カレーセロリマヨネーズ
135　タルタルソース

[本書の決まりごと]

・大さじ1は15mℓ、小さじ1は5mℓ、1カップは200mℓです。

・電子レンジ、オーブントースターの加熱時間はあくまでも目安です。機種によって加熱時間が異なるので、様子を見ながら加減してください。

・しょうがの1かけとは、親指の先くらいの大きさを目安にしています。

・野菜を洗う、皮むきなどの下ごしらえはレシピには含まれていません。

・野菜を塩ゆでする場合、特に記載がなければ「塩少々」を加えた熱湯でゆでます。

・材料は2人分を基本にしていますが、場合によっては作りやすい分量で表記しています。

定番
サラダ

ポテトサラダにマカロニサラダ、
シーザーサラダ……etc.
みんなが好きなおなじみのサラダだからこそ、
おいしく作れたら、うれしさ倍増！
何度も作りたくなる、絶品レシピをご紹介します。

定番

ポテトサラダ

材料（2人分）
じゃがいも … 2個
ゆで卵 … 1個
ハム … 2枚
にんじん … 1/5本
きゅうり … 1/2本
玉ねぎ … 1/8個
塩・こしょう … 各適量
A［酢・こしょう・砂糖 … 各少々
　 オリーブ油 … 大さじ1/2］
マヨネーズ … 大さじ3〜4

❶ じゃがいもは一口大に切り、やわらかくゆでる。ゆで汁を捨てて再度火にかけ、鍋を揺すって粉ふきいもにする。熱いうちにフォークでつぶし、Aを混ぜておく。

❷ ゆで卵はフォークでつぶし、ハムは短冊切りに、にんじんは薄いいちょう切りにしてゆでる。きゅうりと玉ねぎは薄切りにし、塩少々を混ぜてしんなりさせ、水で洗って絞る。

❸ ボウルに①、②、マヨネーズを入れて混ぜ、塩・こしょう各少々で味を調える。

定番

シーザーサラダ

材料（2人分）
ベーコン … 2枚
レタス・ベビーリーフ
トマト … 1/2個
　… 各適量
バゲット … 3cm
温泉卵 … 1個
パルメザンチーズ
　… 適量

A ┃ パルメザンチーズ・マヨネーズ
　┃ 　… 各大さじ2
　┃ 牛乳 … 大さじ1
　┃ アンチョビー … 1枚
　┃ レモンの絞り汁 … 小さじ1
　┃ にんにくのすりおろし … 少々
　┃ 塩・黒こしょう … 各少々
オリーブ油 … 適量

❶ ベーコンは2cm幅に切り、オリーブ油でカリカリに炒める。レタスとトマトは一口大に切る。

❷ バゲットは薄切りにして、カリッと焼く。

❸ 皿に①、②、ベビーリーフを盛って温泉卵をのせ、パルメザンチーズをふる。よく混ぜ合わせたAをかける。

チョレギサラダ

材料（2人分）
サニーレタス … 1/2個
長ねぎ … 3cm
A ┃ しょうゆ … 大さじ1/2
　┃ ごま油 … 大さじ1/2
　┃ コチュジャン … 大さじ1/2
　┃ 砂糖 … 小さじ1
焼きのり … 全形1/2枚
白いりごま … 少々

❶ サニーレタスは一口大にちぎり、長ねぎはせん切りにする。

❷ ボウルにAをよく混ぜ合わせ、①をあえる。器に盛り、ちぎった焼きのりといりごまを散らす。

コールスロー

材料（2人分）
キャベツ … 大2枚
きゅうり … 1/2本
ラディッシュ … 2個
塩 … 小さじ1/4
ホールコーン（缶詰）… 1/2カップ
A ┃ りんご酢 … 大さじ1
　┃ 塩 … 小さじ1/4
　┃ こしょう … 少々
　┃ 玉ねぎのすりおろし … 大さじ1/2
　┃ オリーブ油 … 大さじ1と1/2

❶ キャベツは5mm幅のせん切りにし、きゅうりとラディッシュはせん切りにする。

❷ ボウルにキャベツときゅうりを入れて塩をふってもみ、水けを絞る。ラディッシュ、缶汁をきったコーンと混ぜ、よく混ぜ合わせたAであえる。

定番

マカロニサラダ

材料（2人分）
マカロニ … 100g
にんじん … 1/4本
オリーブ油 … 少々
きゅうり … 1本
塩 … 少々
ツナ缶 … 50g
ホールコーン（缶詰）… 50g

A ┃ マヨネーズ … 大さじ3
　┃ しょうゆ・練りがらし … 各少々
　┃ 粗びき黒こしょう … 少々

❶ マカロニは表示通りにゆで、ゆで上がる2分前に薄い短冊切りにしたにんじんを加えて、ともにゆでる。冷水にさらして水けをきり、オリーブ油をからめる。

❷ きゅうりは薄い輪切りにして塩もみし、水けを絞る。

❸ ボウルに①、②、ツナ、コーン、Aを入れて混ぜる。

コブサラダ

材料（2人分）

- 鶏胸肉 … 1/2枚
- アボカド … 1/2個
- トマト … 1個
- ゆで卵 … 1個
- きゅうり … 1/2本
- ゆでえび … 6尾
- サニーレタス … 2枚

A
- マヨネーズ … 大さじ2
- トマトケチャップ … 大さじ1
- 牛乳 … 大さじ1
- チリパウダー … 小さじ1/2
- 塩・こしょう … 各少々

❶ 鶏肉は耐熱皿にのせてラップをかぶせ、電子レンジ（600W）で1〜2分加熱。そのまま余熱で火を通す。

❷ ①、アボカド、トマト、ゆで卵、きゅうりは1cm角に切る。

❸ 皿にサニーレタスを敷き、②、ゆでえびを盛ってAをかけ、よく混ぜ合わせる。

定番

タラモサラダ

材料（2人分）
じゃがいも … 小2個
明太子 … 50g
A［ マヨネーズ … 大さじ2
　　塩・こしょう … 各少々 ］
クラッカー … 適量

❶ じゃがいもは皮つきのまま1個ずつラップで包み、電子レンジ（600W）で約8分加熱する。熱いうちに皮をむいてボウルに入れ、マッシャーで軽くつぶして粗熱をとる。

❷ 明太子は身をしごき出し、Aとともに①に加えて混ぜる。クラッカーにつけて食べる。

ジャーマンポテトサラダ

材料（2人分）
じゃがいも … 2個
ウィンナ … 2本
ベーコン … 2枚
玉ねぎ … 1個
A［ 粒マスタード … 大さじ1/4
　　白ワインビネガー … 大さじ1
　　塩・こしょう … 各少々
　　サラダ油 … 大さじ1 ］
にんにくのみじん切り … 1/2片分
パセリのみじん切り … 小さじ1
サラダ油 … 大さじ1/2

❶ じゃがいもは一口大に切り、やわらかくゆでて水けをきる。

❷ ウィンナは斜め2〜3つに切り、ベーコンは1cm幅に切る。玉ねぎは薄切りにする。

❸ フライパンを熱してベーコンをカリカリに炒め、ボウルに入れてAを加え混ぜる。

❹ ③のフライパンにサラダ油を熱してにんにく、玉ねぎを炒める。ウィンナと①も炒め合わせて③に加え、ざっと混ぜる。器に盛り、パセリをふる。

豆腐サラダ

材料（2人分）

絹ごし豆腐 … 1丁
水菜 … 1/8束
万能ねぎ … 1本
みょうが … 1個
ちりめんじゃこ … 15g

A
- しょうゆ … 大さじ2/3
- 酢 … 大さじ1/2
- にんにくのすりおろし … 小さじ1/4
- サラダ油 … 大さじ1
- ごま油 … 小さじ1/2

❶ 豆腐はキッチンペーパーに包んで軽く水きりし、食べやすく切る。

❷ 水菜は3cm長さに切り、万能ねぎは2cm長さの斜め切りにする。みょうがは縦半分の斜め薄切りにする。

❸ フライパンを熱して、ちりめんじゃこをカリカリに炒める。

❹ 器に②を敷いて、①、③をのせ、よく混ぜ合わせたAをかける。

海藻サラダ

材料（2人分）

海藻ミックス（乾燥）… 5g
きゅうり … 1/2本
大根 … 2cm
塩 … 小さじ1/4
青じそ … 3枚
A ┌ 酢・しょうゆ … 各大さじ2/3
  │ しょうがの絞り汁 … 1/4かけ分
  │ 白いりごま … 大さじ1/4
  └ サラダ油 … 大さじ2

❶ 海藻ミックスは水で戻し、水けをきる。

❷ きゅうりは薄い短冊切りにする。大根も短冊切りにして塩をふり、軽くもんで水けを絞る。青じそはせん切りにする。

❸ 器に①、②を合わせて盛り、よく混ぜ合わせた**A**をかける。

かぼちゃサラダ

材料（2人分）
かぼちゃ … 1/8個
さやいんげん … 4本
こしょう … 少々
マヨネーズ … 大さじ3
レタス … 適量

❶ かぼちゃはラップに包み、電子レンジ（600W）で6〜8分加熱する。粗熱がとれたら2cm角に切る。

❷ さやいんげんは筋をとり、ラップに包んで約1分加熱。水にとって水けをふき、1cm長さに切る。

❸ ボウルに①、②、こしょう、マヨネーズを入れて混ぜ、ちぎったレタスを敷いた器に盛る。

ごぼうのマヨサラダ

材料（2人分）
ごぼう … 1/2本（150g）
水 … 大さじ2弱
砂糖 … 小さじ1/2
A[マヨネーズ … 大さじ1
　 酢 … 小さじ1/2
　 しょうゆ … 小さじ1/2]

❶ ごぼうは包丁の背で軽くこすって皮をとり、長めのささがきにして水にさらす。

❷ 鍋に水けをきった①と分量の水、砂糖を入れて中火にかけ、混ぜながら水けがなくなるまで煮る。そのまま完全にさまし、よく混ぜ合わせたAであえる。

定番

中華風春雨サラダ

材料（2人分）
春雨（乾燥）… 25g
きくらげ（乾燥）… 3枚
もやし … 1/4袋
きゅうり … 1/2本
にんじん … 1/4本
チャーシュー … 2枚
A ┌ しょうゆ・酢 … 各大さじ1
　│ 砂糖 … 小さじ1/4
　│ トウバンジャン … 少々
　│ 白すりごま・サラダ油 … 各大さじ1/2
　└ ごま油 … 大さじ1/4

❶ 春雨は熱湯で戻し、冷水にさらして水けをきり、食べやすく切る。きくらげはぬるま湯で戻し、せん切りにする。

❷ もやしはサッとゆでて冷水にさらし、水けをきる。きゅうり、にんじん、チャーシューはせん切りにする。

❸ ボウルに①、②を合わせ、よく混ぜ合わせたAであえる。

タイ風春雨サラダ

材料（2人分）
鶏ひき肉 … 70g
春雨（乾燥）… 35g
干しえび … 大さじ1
湯 … 大さじ1
玉ねぎ … 1/4個
セロリ … 1/2本
レタス … 4枚
香菜 … 1/2束
赤唐辛子の小口切り … 1/2本分
塩・こしょう … 各少々
A ┌ ナンプラー … 大さじ1と2/3
　│ レモンの絞り汁 … 大さじ1
　└ 砂糖 … 小さじ1/4
ピーナッツ … 大さじ2
サラダ油 … 適量

❶ 春雨は熱湯で戻し、冷水にさらして水けをきり、食べやすく切る。干しえびは分量の湯で戻し、戻し汁はとっておく。

❷ 玉ねぎとセロリは薄切りにし、レタスはせん切りに、香菜は4cm長さに切る。

❸ 鍋にサラダ油を熱し、干しえびと赤唐辛子を入れて炒める。ひき肉を加えてポロポロに炒め、塩とこしょうをふる。

❹ ボウルに①の春雨、干しえびの戻し汁、②、③を合わせ、Aであえる。器に盛り、粗く砕いたピーナッツを散らす。

ベトナム風春巻き

材料（4個分）
サニーレタス … 2枚
もやし … 10g
春雨（乾燥）… 10g
にら … 4本
むきえび … 4尾
ライスペーパー … 4枚
A ┃ 酢 … 小さじ1
　┃ ナンプラー … 大さじ1
　┃ 砂糖 … 小さじ1/4
　┃ 赤唐辛子の小口切り・ごま油
　┃ 　… 各少々

❶ サニーレタスは1cm幅に切る。もやしと春雨はサッとゆでて、水けをきる。

❷ にらは長さを半分に切る。えびは背ワタをとって塩ゆでし、厚みを半分に切る。

❸ ライスペーパー1枚を水にサッとくぐらせて広げ、①を1/4量ずつのせてひと巻きする。にら1本分とえび1尾分をのせて巻き上げる。同様にあと3個作る。器に盛り、よく混ぜ合わせたAを添える。

定番 シーフードサラダ

材料（2人分）
- ムール貝 … 4個
- 白ワイン … 大さじ2
- むきえび … 4尾
- 帆立貝柱（刺身用）… 2個
- レタス・トレビス … 各2枚
- グリーンアスパラ … 4本
- A
  - オリーブ油 … 大さじ1と1/3
  - 白ワインビネガー … 小さじ2
  - ムール貝の蒸し汁 … 大さじ1
  - 塩・こしょう … 各少々
- レモン … 適量

❶ ムール貝はよく洗って鍋に入れ、白ワインをふってふたをし、蒸し煮にする。口が開いたら取り出し、蒸し汁はキッチンペーパーでこす。

❷ むきえびは塩ゆでし、帆立は厚みを半分に切る。レタスとトレビスは食べやすくちぎり、グリーンアスパラは塩ゆでして3cm長さに切る。

❸ 器に①、②を盛り合わせ、よく混ぜ合わせたAをかけて、適宜に切ったレモンを添える。

グリーンサラダ

材料（2人分）
- レタス … 2枚
- サニーレタス … 1枚
- クレソン … 1/2束
- セロリ … 3cm
- きゅうり … 1/2本
- A
  - 酢 … 大さじ1
  - 白ワイン … 大さじ1/2
  - 塩 … 小さじ1/3
  - こしょう … 少々
  - オリーブ油 … 大さじ1と1/2

❶ クレソンは根元を切り落とし、レタス、サニーレタスとともに洗って冷水につけ、ちぎって水けをきる。

❷ セロリは筋をとって薄切りにする。きゅうりはピーラーで縞目に皮をむき、薄い輪切りにする。

❸ 器に①、②を盛り合わせ、よく混ぜ合わせたAであえる。

フルーツヨーグルトサラダ

材料（2人分）
レーズン … 大さじ1
キーウィ … 1/2個
オレンジ … 1/2個
グレープフルーツ … 1/2個
A ┌ プレーンヨーグルト（無糖）… 1/4カップ
　│ マヨネーズ … 大さじ1
　│ レモンの絞り汁 … 小さじ1/2
　│ 塩・こしょう … 各少々
　│ オレンジとグレープフルーツの果汁
　└ 　（薄皮を絞ったもの）… 合わせて約大さじ1と1/2
ナタデココ … 1/2カップ
ミントの葉 … 適量

❶ レーズンは水につけてやわらかくする。
❷ キーウィは皮をむいて、1cm厚さの半月切りにする。オレンジとグレープフルーツは上下を切り落とし、包丁で厚く皮をむいて果肉を房から切りはずす。
❸ ボウルにAをよく混ぜ合わせる。
❹ ①、②、ナタデココを③に加えてあえ、器に盛ってミントの葉を散らす。

野菜のせいろ蒸しサラダ

材料（2人分）
さつまいも … 1cm
にんじん … 1cm
かぼちゃ（5mm厚さの薄切り）… 3枚
ブロッコリー・カリフラワー … 各小房3個
キャベツ … 1枚
ポン酢・オリーブ油 … 各適量
塩・マヨネーズ … 各適量

❶ さつまいもとにんじんは、厚みを半分に切る。

❷ せいろにキャベツを敷き、①とかぼちゃを並べる。蒸気の上がった鍋にのせて5分蒸す。ブロッコリーとカリフラワーを加えて、さらに4分蒸す。

❸ ポン酢、オリーブ油と塩、マヨネーズなど、好みの調味料をつけて食べる。

帆立のタルタル風

材料（2人分）
帆立（刺身用）… 4個
トマト … 1/2個
黒オリーブ … 5個
アボカド … 1/2個
A［ レモンの絞り汁 … 大さじ1
　　オリーブ油 … 小さじ2
　　塩・こしょう … 各少々 ］
B［ マヨネーズ … 大さじ1/2
　　生クリーム … 小さじ1/2 ］
セルフィーユ … 適量

❶ 帆立、トマト、黒オリーブ、アボカドは、1cm角くらいに切り、Aと合わせてあえる。

❷ 器にセルクル（丸型）を置き、汁けをきった①を詰める（セルクルがなければ円形に盛る）。セルクルをはずしてセルフィーユを飾り、よく混ぜたBを添える。

野菜のピクルス

材料（作りやすい分量）
きゅうり … 2本
かぶ … 3個
にんじん … 1本
紫玉ねぎ … 1個
塩 … 小さじ1
A[
　酢 … 2カップ
　白ワイン … 1/2カップ
　砂糖 … 50g
　黒粒こしょう … 10粒
　ローリエ … 1枚
　赤唐辛子（種を除く） … 1本
　コリアンダー（ホール） … 少々
　ディル（ホール） … 少々
]

❶ きゅうりは皮を縞目にむき、一口大に切る。かぶは茎を少し残して葉を切り落とし、にんじん、紫玉ねぎとともに一口大に切る。

❷ ボウルに①を入れて塩をまぶし、ざっと混ぜて1時間置く。

❸ 鍋にAを入れて火にかけ、沸騰したら弱火にして10分ほど煮詰め、火を止めてそのままさます。

❹ ②の水けをきって保存瓶に入れ、③を注ぎ入れる。冷蔵保存で2週間以内に食べきる。

素材別サラダ

冷蔵庫の中に野菜がひとつ入っていたら、
それだけで、おいしいサラダは作れます！
少ない素材で、パパッと作れる
とっておきのレシピを50音順でご紹介します。
いつもの野菜の違ったおいしさに出会えますよ！

アスパラガス

グリーンアスパラの
マヨネーズ炒め

材料（2人分）
グリーンアスパラ … 1束
にんにくのみじん切り…小1/2片分
塩・こしょう … 各少々
マヨネーズ … 大さじ1と1/2
粗びき黒こしょう … 少々

❶ グリーンアスパラは、4cm長さの斜め切りにする。

❷ フライパンにマヨネーズ大さじ1/2を熱して、にんにくのみじん切りを炒め、香りが立ったら①も炒めて塩とこしょうで調味する。

❸ 火が通ったらマヨネーズ大さじ1をからめ、粗びき黒こしょうをかける。

アスパラガス

アスパラの焼きびたしサラダ

材料（2人分）
グリーンアスパラ … 5本
めんつゆ（ストレートタイプ）
　… 小さじ2と1/2
削り節 … 1/2袋
粉ざんしょう … 少々

❶ グリーンアスパラは網で焼き、熱いうちにめんつゆにつけて冷蔵室でひと晩置く。

❷ 食べるときにアスパラを半分に切って器に盛り、削り節をのせて粉ざんしょうをふる。

アスパラとあさりのサラダ

材料（2人分）
グリーンアスパラ … 6本
あさり水煮缶 … 小1/2缶（35g）
A ┌ あさりの缶汁 … 小さじ1
　│ オリーブ油 … 大さじ1/2
　│ レモンの絞り汁 … 小さじ1
　└ しょうゆ … 小さじ2/3

❶ グリーンアスパラは塩ゆでし、4cm長さに切る。あさりは缶汁をきる

❷ Aをよく混ぜ合わせ、アスパラとあさりの身を加えてあえる。

サラダがおいしくなるMEMO

アスパラは食感が命

ほくっと食感よく火が通ったアスパラは、甘さが際立って風味がいいもの。そのためには、「はかま」と「堅い根元」をとることが必須です。はかまとは表面にある褐色の三角形の部分で、苦み成分があるためピーラーでそぎ落とします。根元の皮は火を通しても堅いので、手でポキッと折れたところより先を使います。これで歯ざわりのいい仕上がりに。

アボカド

アボカドとかぶの
トマトミックス

材料（2人分）
アボカド … 1個
レモンの絞り汁 … 1/2個分
かぶ … 1個
塩 … ひとつまみ
トマト … 1個
しょうゆ … 大さじ1
サラダ油 … 大さじ2

❶ アボカドは種をとって皮をむき、一口大に切ってすぐにレモンの絞り汁をかける。

❷ かぶは皮をむいて縦半分に切り、薄切りにする。塩をふって軽く混ぜ、しんなりさせる。

❸ トマトは一口大に切り、ボウルに入れてしょうゆ、サラダ油を加えて混ぜる。

❹ ①と水けを絞った②を③に加え、ざっと混ぜ合わせる。

アボカド

アボカドディップ

材料（2人分）
アボカド … 1/2個
にんにく … 小1/2片
塩・こしょう … 各少々
オリーブ油 … 大さじ1/2～1
セロリ … 適量

❶ アボカドは種をとって皮をむき、目の細かいざるに入れて、スプーンの背で押して裏ごしする。
❷ ①ににんにくのみじん切り、塩、こしょう、オリーブ油を加えてよく混ぜる。これを器に盛り、セロリやきゅうり、にんじんなどのスティック野菜を添える。

アボカド納豆

材料（2人分）
アボカド … 1個
納豆 … 小2パック
しょうゆ … 大さじ2
練りわさび … 少々

❶ 納豆、しょうゆ、練りわさびを混ぜる。
❷ アボカドを半分に切り、種を取り除き、そのくぼみに①を入れる。

アボカドミルク

材料（2人分）
アボカド … 1/3個
牛乳 … 1と1/2カップ
レモンの絞り汁 … 小さじ1
メープルシロップ … 小さじ2

❶ アボカドは種をとって皮をむき、一口大に切る。
❷ ①と牛乳、レモンの絞り汁をミキサーに入れ、なめらかになるまでかくはんする。グラスに注ぎ入れ、メープルシロップを等分にかける。

いんげんの黒ごまサラダ

材料（2人分）
さやいんげん … 10本
A ┃ 黒すりごま … 大さじ2
　 ┃ 黒練りごま … 大さじ1/2
　 ┃ しょうゆ … 大さじ1/2
　 ┃ みりん … 大さじ1/2

❶ さやいんげんは筋をとり、サッとゆでてざるに上げる。

❷ ①を斜め切りにし、よく混ぜ合わせたAとあえる。

いんげん

いんげんの黒ごまフライ

材料（2人分）
さやいんげん…10本
小麦粉 … 大さじ1と1/2
水 … 大さじ1と1/2
黒いりごま … 大さじ1と1/2
パン粉 … 大さじ3
揚げ油 … 適量

❶ さやいんげんは筋をとり、斜め半分に切る。

❷ ボウルに小麦粉と水を合わせて混ぜ、ころもを作る。

❸ バットに黒いりごまとパン粉を合わせておく。

❹ ①に②をまぶして③をつけ、170度の油でこんがりと揚げる。

いんげん

いんげんとちくわの梅サラダ

材料（2人分）
さやいんげん … 10本
ちくわ … 2本
梅干し … 1個
A［ しょうゆ … 小さじ1/2
　　みりん … 小さじ2
　　削り節 … 1/2袋 ］

❶ さやいんげんは筋をとってサッとゆで、食べやすい長さに切る。ちくわは斜め薄切りにする。

❷ 梅干しは種を取り除き、包丁でたたいてペースト状にし、Aと混ぜる。

❸ ①と②をあえて味をなじませる。

いんげんとハムのピリ辛ゆず風味

材料（2人分）
さやいんげん … 20本
ロースハムの薄切り … 3枚
A［ ゆず唐辛子 … 小さじ1
　　しょうゆ … 小さじ1
　　酢 … 大さじ1 ］

❶ さやいんげんは筋をとり、サッとゆでて長さを2～3つに切る。ハムは細切りにする。

❷ ボウルに①を入れ、Aを加えて混ぜ合わせる。

サラダがおいしくなるMEMO

筋をとってやわらかく

さやいんげんを食べたときに、口の中で筋が引っかかってしまった…ということ、よくありますよね。最近は品種改良で筋のないものが多くなってきましたが、ヘタの部分をちょっと折ってみて、糸のような細い繊維がついてくれば「筋あり」。そのままスーッと下に引いて取り除きます。筋がないときはヘタと先のとがった堅い部分を切り落として使いましょう。

オクラとかまぼこのサラダ

材料（2人分）
オクラ … 10本
塩 … 少々
かまぼこ … 5cm
A［マヨネーズ … 大さじ1
　　練りわさび … 小さじ1/2］
刻みのり … 少々

❶ オクラは塩でこすってサッとゆで、ヘタをとる。飾り用に1本を残し、9本は1cm厚さの輪切りにする。かまぼこは1cm角に切る。

❷ Aをよく混ぜ合わせ、①をあえる。器に盛って刻みのりを散らし、飾り用のオクラを添える。

オクラとれんこんの和風サラダ

材料（2人分）
オクラ … 4本
塩 … 少々
れんこん … 小1節
酢 … 少々
A［しょうゆ … 大さじ1
　　酢 … 大さじ1/2
　　玉ねぎのすりおろし … 大さじ1/2
　　サラダ油 … 大さじ1
　　白すりごま … 大さじ1/2］
揚げ油 … 適量

❶ オクラは塩でこすってサッとゆで、ヘタをとって斜め半分に切る。

❷ れんこんは皮をむいて縦半分に切り、一口大の乱切りにして酢水にさらす。水けをふいて、170度の油で揚げる。

❸ Aをよく混ぜ合わせ、①、②をあえる。

かぶ

かぶの粒マスタード風味

材料（2人分）
かぶ … 2個
塩 … 少々
A ┃ 粒マスタード … 小さじ1/2
　 ┃ オリーブ油 … 小さじ1

❶ かぶは皮をむき、8等分のくし形に切る。塩をふってもみ、しんなりしたら水けをきる。

❷ Aをよく混ぜ合わせ、①をあえる。

かぶとみょうがの梅肉あえ

材料（2人分）
かぶ … 大2個
みょうが … 2個
梅干し … 2個
A ┃ みりん … 小さじ1
　 ┃ 砂糖 … ひとつまみ

❶ かぶは皮をむき、みょうがとともに縦半分に切って薄切りにする。

❷ 梅干しは種を取り除き、包丁で軽くたたいてAと混ぜる。

❸ ②にみょうがを加えて混ぜ、しんなりしたらかぶを加えてあえる。

かぶとさけのマリネ

材料（作りやすい分量）
かぶ … 1束
かぶの葉 … 1/3束分
生ざけ（刺身用）… 100g
しょうが … 小1かけ
A ┌ レモンの皮のせん切り・絞り汁
　│　　… 各1/4個分
　│ 塩・こしょう … 各少々
　│ しょうゆ … 小さじ1
　└ サラダ油 … 大さじ4
サラダ油 … 小さじ1

❶ かぶは皮をむいて2mm厚さの輪切りにし、塩少々（分量外）をふる。しんなりしたら水けを絞る。

❷ かぶの葉は小口切りにし、サラダ油でサッと炒める。しょうがはせん切りにし、生ざけは薄切りにする。

❸ ボウルにAをよく混ぜ合わせ、①、②を加えてあえる。しばらく味をなじませる。

かぶとベーコンのクリームサラダ

材料（2人分）
かぶ … 2個
玉ねぎ … 1/4個
ベーコン（ブロック）… 100g
薄力粉 … 大さじ1
牛乳 … 3/4カップ
顆粒コンソメスープの素 … 小さじ1/2
グリーンピース（冷凍）… 160g
こしょう … 適量
バター … 5g

❶ かぶは皮をむいて6等分のくし形に切り、玉ねぎは薄切りにする。

❷ ベーコンは1cm厚さに切ってフライパンでこんがりと焼き、取り出す。

❸ ②のフライパンにバターを溶かし、玉ねぎをしんなりするまで炒める。薄力粉を加えてよく炒め、牛乳を少しずつ加えてのばす。

❹ ③がとろっとしたら顆粒コンソメスープの素、かぶ、②、グリーンピースを加え、かぶがやわらかくなるまで弱火で煮る。仕上げにこしょうをふる。

かぶ

かぶの明太子あえ

材料（2人分）
かぶ … 小4個
かぶの葉 … 2本
塩 … 小さじ1/2
明太子 … 1/2腹
みりん … 小さじ2
昆布茶 … 小さじ1

❶ かぶは皮をむいて6等分のくし形に切り、葉は刻む。
❷ ボウルに①を入れて塩をふり、軽くもんでしんなりさせる。
❸ 明太子は身をしごき出し、みりん、昆布茶を加えて混ぜ合わせる。水けを絞った②を加えてあえる。

かぶの即席漬け

材料（2人分）
かぶ … 2個
かぶの葉 … 1個分
塩 … 少々
昆布の細切り … 少々

❶ かぶは皮をむいて縦半分に切り、薄切りにする。葉はサッとゆでて水けを絞り、3cm長さに切る。
❷ ①に塩をふり、昆布の細切りを加えてもむ。

かぶとたくあんの もみ漬け

材料（2人分）
かぶ … 4個
かぶの葉 … 1本
塩 … 小さじ1/2
たくあん … 30g

❶ かぶは皮をむいて縦半分に切り、3mm厚さに切る。葉は刻む。
❷ ボウルに①を入れて塩をふり、軽くもんで水けを絞る。
❸ たくあんは3mm厚さのいちょう切りにし、②と合わせてよくもみ、味をなじませる。

かぶの 千枚漬け風

材料（2人分）
かぶ … 4個
塩 … 大さじ3/4
だし昆布 … 10cm
A ┌ 赤唐辛子（種を除く） … 1本
　│ 酢 … 1/2カップ
　│ 砂糖 … 大さじ1
　└ 塩 … 小さじ½

❶ かぶは皮をむき、2mm厚さの輪切りにしてボウルに並べ入れ、全体に塩をふりかける。しんなりしたら上に小さめのボウルを重ね、重しをのせて2時間ほど置く。
❷ だし昆布は表面をサッとふき、一口大に切る。
❸ 鍋にAを合わせてひと煮立ちさせ、さましておく。
❹ 保存容器に水けを絞った①と②を交互に重ね入れ、③をまわしかける。ふたをして冷蔵室に入れ、味をなじませる。冷蔵保存で1週間以内に食べきる。

> かぼちゃ

かぼちゃのマリネ

材料（2人分）
かぼちゃ … 1/8個
A [ポン酢じょうゆ … 大さじ1と1/2
　　オリーブ油 … 大さじ1
　　黒こしょう … 少々]

❶ かぼちゃは種とワタをとり、5mm厚さに切る。耐熱皿に並べてラップをかぶせ、電子レンジ（600W）で3分30秒ほど、やわらかくなるまで加熱する。

❷ Aをよく混ぜ合わせて①をあえ、20分ほど味をなじませる。

> サラダが
> おいしくなる
> MEMO

皮も一緒に調理して

甘いかぼちゃは子供から年配者まで幅広い層に大人気。皮はむく？　むかない？　迷うものですが、火を通してしまえばやわらかくなるので、好みでいいと思います。ただ、形を生かして料理する場合は、皮つきのほうが型くずれせずに仕上がります。皮にはβ-カロテンや食物繊維などの栄養が豊富で、実より多く含まれているので捨ててはもったいないですね。

ゆで卵入り
かぼちゃの温サラダ

材料（2人分）
かぼちゃ … 1/4個
A ┌ 酢 … 大さじ1と1/3
  │ 塩 … 小さじ1/2弱
  └ こしょう … 少々
ゆで卵（固ゆで）… 1個
赤ピーマンのみじん切り … 大さじ1と1/2
サラダ菜 … 適量

❶ かぼちゃは皮と種、ワタをとり、ラップに包んで電子レンジ（600W）で3分30秒ほど加熱してやわらかくする。ざっとつぶしてAで下味をつける。

❷ ゆで卵は殻をむいて粗く刻む。

❸ ①が温かいうちに、②と赤ピーマンを加えて混ぜ、サラダ菜を敷いた器に盛る。

かぼちゃの
カリカリマスタード

材料（2人分）
かぼちゃ … 1/4個
A ┌ 粒マスタード … 小さじ1
  │ 白ワインビネガー … 大さじ3
  │ 塩 … 小さじ1/2
  └ こしょう … 少々

❶ かぼちゃは皮をところどころむいて種とワタをとり、2〜3mm厚さに切る。

❷ Aをよく混ぜ合わせておく。

❸ 耐熱皿に①を並べてラップをかぶせ、電子レンジ（600W）で2分加熱する。②をまわしかけて再びラップをかぶせ、約3分加熱する。

かぼちゃ

かぼちゃサラダの豆腐クリームあえ

材料（2人分）
- かぼちゃ … 1/8個
- ブロッコリー … 1/4株
- 塩・こしょう … 各少々
- 絹ごし豆腐 … 1/2丁
- スライスアーモンド … 大さじ1
- A
  - 生クリーム … 大さじ2
  - レモンの絞り汁 … 大さじ1/2
  - 塩 … 小さじ1/3
  - こしょう … 少々

1. 豆腐は皿などで重しをして20分置き、水きりする。これを裏ごしして、Aと混ぜ合わせる。
2. かぼちゃは一口大に切り、ラップに包んで電子レンジ（600W）で2分30秒ほど加熱する。ブロッコリーは小房に分け、同様に1分30秒ほど加熱する。合わせて塩とこしょうをふる。
3. アーモンドはフライパンできつね色にカラいりする。
4. 器に②を盛って①をかけ、③を散らす。

かぼちゃとにんじんのホットサラダ

材料（2人分）
- かぼちゃ … 1/8個
- じゃがいも … 1個
- にんじん … 1/2本
- A
  - オリーブ油 … 大さじ1
  - 白ワインビネガー … 小さじ1/2
  - 粒マスタード … 小さじ2
  - 塩・こしょう … 各適量

1. 野菜はすべて一口大に切る。
2. 耐熱皿ににんじんを並べ、ラップをかぶせて電子レンジ（600W）で2分加熱する。かぼちゃとじゃがいもを加えて、さらに5分加熱する。
3. Aをよく混ぜ合わせ、②が熱いうちにあえる。

かぼちゃの豆乳スープ

材料（2人分）
かぼちゃ … 1/6個
水 … 1と1/2カップ
固形コンソメスープの素 … 1個
豆乳 … 2/3カップ
粗びき黒こしょう … 少々
バター … 5g

❶ かぼちゃは皮と種、ワタをとり、薄切りにする。

❷ 鍋にバターを溶かして①を炒め、分量の水、固形コンソメスープの素を加え、かぼちゃをやわらかく煮る。

❸ ②をマッシャーでつぶして、豆乳を加えて煮立てないように温める。器に注ぎ入れ、粗びき黒こしょうをふる。

かぼちゃの蒸し煮

材料（2人分）
かぼちゃ … 1/8個
玉ねぎ … 1/4個
ベーコン … 1/2枚
グリーンピース（冷凍）… 50g
A ┌ 固形コンソメスープの素 … 1/2個
　│ 水 … 1/2カップ
　└ 塩・こしょう … 各少々
粗びき黒こしょう … 少々
オリーブ油 … 大さじ1/2

❶ かぼちゃは種とワタをとって2cm角に切り、玉ねぎとベーコンはみじん切りにする。

❷ 鍋にオリーブ油を熱して①を炒め、グリーンピースを凍ったまま加えて炒め合わせる。

❸ 油がまわったら**A**を加えてふたをし、5〜6分蒸し煮にする。

❹ かぼちゃに火が通ったらふたをとり、汁けがなくなるまで2分ほど煮詰める。器に盛って粗びき黒こしょうをふる。

カリフラワー

カリフラワーと ツナの ゆかりあえ

材料（2人分）
カリフラワー … 1/2株
ツナ缶 … 1缶（70g）
A ┌ ゆかり … 大さじ1/2
　└ マヨネーズ … 大さじ2
エンダイブ … 適量

① カリフラワーは小房に分けて塩ゆでし、小さめに刻む。ツナは缶汁をきる。
② Aをよく混ぜ合わせて①をあえ、エンダイブを敷いた器に盛る。

材料（作りやすい分量）
カリフラワー … 1/2株
小玉ねぎ … 6個
塩 … 小さじ2
A ┌ 酢 … 2カップ
　│ 白ワイン … 1/2カップ
　│ 砂糖 … 50g
　│ カレー粉 … 小さじ1
　│ 赤唐辛子（種を除く）… 1本
　│ クミン（ホール）… 少々
　└ ローリエ … 1枚

カリフラワーと 小玉ねぎの カレー風味

① カリフラワーは小房に分ける。小玉ねぎは皮をむき、横半分に切って十字の切り込みを入れる。これらをボウルに入れて塩をまぶし、約1時間置く。
② 鍋にAを合わせて沸騰させ、弱火にして10分ほど煮詰める。火を止めてそのままさます。
③ ①の水けをきって清潔な保存瓶に入れ、②を注ぎ入れて1時間ほどなじませる。冷蔵保存で2週間以内に食べきる。

カリフラワーと いんげんの たらこソース

材料（2人分）
カリフラワー … 1/3株
さやいんげん … 6本
たらこ … 1/2腹
A [マヨネーズ … 大さじ2
　　牛乳 … 小さじ1]
リーフレタス … 適量

❶ カリフラワーは小房に分け、さやいんげんは斜め4等分に切る。ともに塩ゆでし、リーフレタスを敷いた器に盛る。

❷ たらこは身をしごき出し、Aとよく混ぜ合わせて①にかける。

カリフラワーの バンバンジー風サラダ

材料（2人分）
カリフラワー … 1/2株
鶏ささ身 … 1本
A [白練りごま … 大さじ2
　　酢 … 大さじ1
　　しょうゆ … 大さじ1/2
　　ラー油 … 小さじ1/4]
レタス … 適量

❶ カリフラワーは小房に分けてゆでる。続いてささ身をゆでて粗熱をとり、細かく裂く。

❷ ①のゆで汁大さじ1をとって、Aとよく混ぜ合わせる。これで①をあえて、レタスを敷いた器に盛る。

きのこ類

しめじとマッシュルームの ポン酢サラダ

材料（2人分）
しめじ … 1パック
マッシュルーム … 6個
青じそ … 3枚
ポン酢じょうゆ … 適量
リーフレタス … 適量

❶ しめじは小房に分け、マッシュルームは4つ割りにする。

❷ 耐熱皿に①を入れてラップをかぶせ、電子レンジ（600W）で3分ほど加熱する。

❸ 青じそはせん切りにして②と合わせ、ポン酢じょうゆであえて、リーフレタスを敷いた器に盛る。

材料（2人分）
しめじ … 1パック
ベーコン … 3枚
塩・こしょう … 各少々
レモンの絞り汁 … 大さじ1
オリーブ油 … 大さじ1/2

❶ しめじは小房に分け、ベーコンは3cm幅に切る。

❷ フライパンでベーコンをカリカリになるまで炒め、取り出す。

❸ ②のフライパンにオリーブ油を熱し、しめじを炒める。しんなりしたら塩とこしょうで味を調え、ベーコン、レモン汁を加えてひと炒めする。

しめじとベーコンのサラダ

サラダが
おいしくなる
MEMO

きのこの風味を生かすコツ

きのこは風味が落ちたり、しんなりするので洗わないで使うのが基本ですが、気になるならキッチンペーパーでふくか、サッと水で洗ったあとすぐに水分をふきとり、汚れた部分を摘み取ります。しいたけには軸の先端に「石づき」があり、堅く口にさわるので取り除きましょう。しめじやまいたけには石づきはありませんが、堅い部分は切り取るようにします。

マッシュルームと
しめじのオイルアンチョビー

材料（2人分）

マッシュルーム … 1パック
レモンの絞り汁 … 1/4個分
しめじ … 1パック
にんにくの薄切り … 1片分
アンチョビーペースト … 小さじ2
A ┌ 酢 … 大さじ2
  │ 塩 … 小さじ1/4
  └ ローリエ … 2枚
オリーブ油 … 大さじ2

❶ マッシュルームは縦半分に切り、ボウルに入れてレモンの絞り汁をふりかける。しめじは小房に分ける。

❷ フライパンににんにくとオリーブ油を入れて火にかけ、香りが出たらアンチョビーペースト、しめじ、Aを加えて炒める。

❸ ②を①のボウルに加えて混ぜ、そのままさまして味をなじませる。

焼きしいたけの
梅肉あえ

材料（2人分）

生しいたけ … 5個
塩 … 少々
A ┌ 梅肉 … 大さじ1/2
  │ 砂糖 … 大さじ1/2
  └ 薄口しょうゆ … 大さじ1/4

❶ 生しいたけは石づきをとって塩をふり、焼き網で両面を香ばしく焼いて、半分に切る。

❷ ボウルにAをよく混ぜ合わせ、①をあえる。

043

キャベツ

キャベツの
コチュジャン
みそ

材料（2人分）
キャベツ … 4枚
A ┌ コチュジャン・みそ・酒
　│ 　　　… 各小さじ2
　│ にんにくのすりおろし
　│ 　　　… 1/2片分
　└ 白すりごま … 小さじ1

❶ キャベツは一口大に切り、ボウルに入れる。

❷ Aをよく混ぜ合わせて①に加え、軽くもんで味をなじませる。

キャベツとさきいかの
バターじょうゆ

材料（2人分）
キャベツ … 1/4個
さきいか … 40g
しょうゆ … 小さじ2
一味唐辛子 … 少々
バター … 大さじ1

❶ キャベツは細切りにしてサッとゆで、水けを絞ってボウルに入れる。

❷ さきいかは食べやすく切る。

❸ フライパンにバターを溶かし、②を炒める。しんなりしたら、しょうゆを加えてさらに炒め、①に加えて混ぜる。器に盛って一味唐辛子をふる。

キャベツとパイナップルのチーズサラダ

材料（2人分）
キャベツ … 大2枚
塩 … ひとつまみ
パイナップル … 60g
A ┌ カッテージチーズ … 大さじ1と1/3
　│ レモンの絞り汁 … 大さじ1と1/3
　└ 塩・こしょう … 各少々
粗びき黒こしょう … 少々

❶ キャベツはざく切りにして塩をまぶし、しんなりしたら水けを絞る。
❷ パイナップルは2cm幅に切り、さらに薄切りにする。
❸ ①、②を合わせて器に盛り、よく混ぜ合わせたAをのせて、粗びき黒こしょうをふる。

キャベツとしらすのサラダ

材料（2人分）
キャベツ … 1/4個
塩・サラダ油 … 各少々
しらす干し … 大さじ2
削り節 … 適量
ポン酢じょうゆ … 適量

❶ キャベツは3cm角に切り、塩とサラダ油を入れた熱湯でキャベツをゆでる。色鮮やかになったら、しらすを加え、すぐにざるに上げて水けをきる。
❷ 器に盛って削り節をのせ、ポン酢じょうゆをかける。

パープルコールスロー

材料（2人分）
紫キャベツ … 1/2個
A ┌ オリーブ油 … 大さじ1
　│ りんご酢 … 大さじ1と1/2
　│ はちみつ … 小さじ2
　└ 塩・こしょう … 各少々
セルフィーユ … 少々

❶ 紫キャベツはせん切りにしてサッとゆで、水けを絞ってボウルに入れる。
❷ ①が熱いうちに、よく混ぜ合わせたAを加えてあえ、味をなじませる。器に盛り、セルフィーユを飾る。

キャベツ

キャベツのレモンあえ

材料（2人分）
キャベツ … 2枚
塩 … 少々
えのきたけ … 1/4袋
きくらげ（乾燥）… 2〜3枚
レモンの輪切り … 2枚
A ┌ レモンの絞り汁 … 大さじ1/2
　├ 薄口しょうゆ … 大さじ1/2
　└ オリーブ油 … 小さじ1

❶ キャベツは1cm幅に切り、サッとゆでてざるに上げ、塩をふって下味をつける。

❷ えのきたけは根元を切って長さを半分に切る。きくらげは水で戻し、えのきたけとともにサッとゆで、食べやすく切る。レモンはいちょう切りにする。

❸ ボウルに①、②を合わせ、よく混ぜ合わせたAを加えてあえる。

キャベツのバジル風味

材料（2人分）
キャベツ … 4枚
赤・黄ピーマン … 各1/4個
塩 … 小さじ1/2
にんにくのすりおろし … 少々
バジルの葉 … 4枚
オリーブ油 … 大さじ1
カッテージチーズ … 大さじ1

❶ キャベツはざく切りにする。ピーマンはそれぞれヘタと種を除き、薄切りにする。

❷ ①を合わせて塩をふってもみ、しんなりしたら水けを絞る。

❸ 器に②を盛って、にんにく、ちぎったバジルの葉、オリーブ油を加えてざっと混ぜ、カッテージチーズを散らす。

キャベツと きゅうりの 桜えび風味

材料（2人分）
キャベツ … 2枚
きゅうり … 1本
塩 … 小さじ1/2
桜えび（乾燥）… 30g
酢 … 大さじ1
砂糖 … 小さじ1

❶ キャベツはせん切りにし、きゅうりは薄い輪切りにする。合わせて塩をふってもみ、水けをギュッと絞る。

❷ フライパンを弱火にかけて、桜えびをカラいりする。

❸ ボウルに①、②、酢、砂糖を合わせて軽くもみ、味をなじませる。

キャベツの チーズサーモン巻き

材料（4個分）
キャベツ … 2枚
スモークサーモン … 2枚
プロセスチーズ … 1cm角の棒状2本
ポン酢じょうゆ … 適量

❶ キャベツはしんなりするまでゆで、芯をそぎとってから縦半分に切る。水けをふき、2枚ずつ重ねて広げる。

❷ スモークサーモン1枚を広げて、チーズ1本をのせて巻き、①のキャベツにのせて巻く。残りも同様にして作り、食べやすく半分に切る。ポン酢じょうゆをつけて食べる。

きゅうり

きゅうりの中華サラダ

材料（2人分）
きゅうり … 2本
塩 … 少々
A ┌ ごま油・しょうゆ・酢 … 各小さじ2
　│ 白すりごま … 大さじ1と1/3
　└ 糸唐辛子 … 少々

❶ きゅうりは乱切りにして塩をふり、軽くもんで水けをきる。
❷ Aをよく混ぜ合わせ、①をあえる。

きゅうりとくずし豆腐のサラダ

材料（2人分）
きゅうり … 1本
塩 … 少々
絹ごし豆腐 … 1/3丁
プロセスチーズ … 30g
A ┌ ごま油 … 小さじ2
　│ しょうゆ … 小さじ2
　└ テンメンジャン … 小さじ1/4

❶ きゅうりはせん切りにして塩をふり、軽くもんで水けを絞る。
❷ 豆腐は水きりし、ボウルに入れて細かくくずす。チーズは1cm角に切る。
❸ Aをよく混ぜ合わせ、①、②をあえる。

048

うなきゅう生春巻き

材料（8個分）
きゅうり … 1本
うなぎのかば焼き … 1串
ライスペーパー … 4枚
青じそ … 8枚
そばの新芽（または貝割れ）
　… 1/2パック
A ┌ かば焼きのたれ … 大さじ2
　│ みりん … 小さじ1
　└ 粉ざんしょう … 適量

❶ きゅうりはせん切りにする。うなぎは電子レンジ（600W）で50秒加熱し、棒状に切る。ライスペーパーは水につけて戻す。

❷ ライスペーパー1枚につき青じそ2枚を敷き、そばの新芽、きゅうり、うなぎの各1/4量を順にのせ、両端を折って手前から巻く。

❸ それぞれ半分に切って器に盛り、よく混ぜ合わせたAをつけて食べる。

きゅうりとくらげのピリ辛あえ

材料（2人分）
きゅうり … 1本
くらげ（塩蔵） … 15g
白菜キムチ … 15g
A ┌ しょうゆ … 小さじ1/2
　│ 酢 … 小さじ1/2
　└ ごま油 … 小さじ1/2

❶ きゅうりはめん棒などでたたいて割れ目を入れ、乱切りにする。白菜キムチはざく切りにして汁けを絞る。

❷ くらげは塩を洗い流して水につけて塩抜きし、水けをふいて食べやすく切る。

❸ ボウルにAをよく混ぜて②をあえ、①を混ぜて約30分なじませる。

きゅうり

きゅうりの紅しょうが風味

材料（2人分）
きゅうり … 2本
塩 … 小さじ1/3
紅しょうが … 30g
白いりごま … 小さじ1

❶ きゅうりは2mm厚さの輪切りにし、塩をふって軽くもむ。
❷ ①の水けを絞り、汁けをきった紅しょうがと混ぜてもみ、味をなじませる。
❸ 器に盛り、いりごまを手でひねりつぶしながら散らす。

きゅうりのさっと漬け

材料（2人分）
きゅうり … 1本
塩 … 適量
赤唐辛子 … 1/2本
A ┌ 酢 … 大さじ2
　│ 砂糖 … 大さじ1弱
　│ 塩 … 少々
　└ ごま油 … 少々

❶ きゅうりは塩を多めにふって、手でしごくようにしてこすり、水で洗う。めん棒などでたたいて割れ目を入れ、一口大に切る。
❷ 赤唐辛子は種を除く。
❸ ボウルにAと②を合わせて電子レンジ（600W）で1分加熱し、よく混ぜる。ここに①を加えてひと混ぜし、15分ほど漬ける。

きゅうりのさっぱりサラダ

材料（2人分）
きゅうり … 1と1/2本
塩 … 小さじ1/4
A ┌ 塩 … 少々
  │ マスタード … 小さじ1/4
  │ 白ワインビネガー … 大さじ1/2
  └ オリーブ油 … 大さじ2
パセリのみじん切り … 少々

❶ きゅうりは薄い輪切りにして塩をふり、しんなりしたら水けを絞る。

❷ ボウルにAをよく混ぜ合わせ、①をあえる。器に盛り、パセリをふる。

きゅうりとフェタチーズのサラダ

材料（2人分）
きゅうり … 1本
ハーブ入りフェタチーズ … 60g
黒オリーブ … 2個

❶ きゅうりとフェタチーズは1㎝角に切る。

❷ ①を合わせて器に盛り、黒オリーブを飾る。

きゅうりとにんじんのさんしょう風味

材料（2人分）
きゅうり … 2本
にんじん … 1/2本
塩 … 小さじ1/2
昆布茶 … 小さじ1
粉ざんしょう … 小さじ1/4
木の芽 … 少々

❶ きゅうりとにんじんは乱切りにし、合わせて塩をふってよくもむ。

❷ ①の水けをきり、昆布茶、粉ざんしょうをまぶして、ジッパー式保存袋に入れる。皿で重しをして30分ほどなじませ、器に盛って木の芽を飾る。

クレソン

クレソンのチーズサラダ

材料（2人分）
クレソン … 1束
A [オリーブ油 … 大さじ1
レモンの絞り汁 … 小さじ1
にんにくのすりおろし … 少々
塩・こしょう … 各少々]
カッテージチーズ … 大さじ2

❶ クレソンは根元を切り落とし、4cm長さに切る。
❷ ボウルにAをよく混ぜ合わせ、①をあえる。器に盛り、カッテージチーズを散らす。

クレソンのはちみつサラダ

材料（2人分）
クレソン … 2束
A [ポン酢じょうゆ … 小さじ1
はちみつ … 小さじ1]
すだち … 適量

❶ クレソンは根元を切り落とし、4cm長さに切る。茎のほうから順に塩ゆでし、冷水にとって水けを絞る。
❷ ボウルにAをよく混ぜ合わせ、①をあえる。器に盛ってすだちを添える。

クレソン納豆

材料（2人分）
クレソン … 2本
ひきわり納豆 … 小1パック
A ┌ レモンの絞り汁…少々
　└ 塩 … 少々

❶ クレソンは根元を切り落とし、飾り用に1枝を残して、あとは細かく刻む。

❷ 納豆と刻んだクレソン、**A**をよく混ぜ合わせ、器に盛って飾り用のクレソンを添える。

クレソンと大根の
ガーリックソルト

材料（2人分）
クレソン … 1束
大根 … 1/4本
くるみ … 大さじ3
オリーブ油 … 小さじ1
ガーリックソルト … 小さじ1/2

❶ クレソンは根元を切り落とし、食べやすく切る。大根は薄い半月切りにする。

❷ くるみは粗く刻み、フライパンでカラいりする。

❸ ボウルに①、②を入れ、オリーブ油をふって手早く混ぜる。ガーリックソルトを加えて軽くもみ、味をなじませる。

ごぼう

きんぴらごぼう

材料（2人分）
ごぼう … 中1/2本
赤唐辛子 … 1/2本
酢 … 大さじ1/2
A ┌ 砂糖 … 小さじ1/2
　│ しょうゆ … 大さじ1
　└ 酒 … 大さじ1
白いりごま … 適量
ごま油 … 小さじ1/2

❶ ごぼうは、4～5cmの長さの細切りにする。

❷ フライパンにごま油を熱し、①を強火で1～2分炒める。半分にちぎった赤唐辛子と酢を加え、さらに炒める。

❸ ごぼうがしんなりしたらAを加え、水分をとばすように中火で炒める。汁けがなくなったら、いりごまをひねりながら加える。

ごぼうとささ身のサラダ

材料（2人分）
ごぼう … 1/2本
酢 … 少々
鶏ささ身 … 1本
A ┌ 塩 … 少々
　└ 酒 … 小さじ1/2
B ┌ しょうゆ … 大さじ1/4
　│ マヨネーズ … 大さじ1
　└ 白いりごま … 大さじ1/4

❶ ごぼうはささがきにし、酢水にさらしてアクを抜く。水けをきって4～5分ゆで、ざるに上げる。

❷ ささ身はAをふって耐熱皿に並べ、ラップをかぶせて電子レンジ（600W）で3分ほど加熱し、さめたら粗くほぐす。

❸ ボウルにBをよく混ぜ合わせ、①、②をあえる。

ごぼうとうずら卵のみそ漬け

材料（2人分）
ごぼう … 1/2本
酢 … 少々
うずら卵（水煮）… 10個
A [赤みそ … 200g
みりん … 大さじ2
砂糖 … 大さじ1
しょうゆ … 小さじ1/2
酒 … 大さじ2]

❶ ごぼうは7～8cm長さに切り、太ければ縦半分に切る。酢水に10分さらしてアクを抜き、堅めにゆでて水けをきる。

❷ Aをよく混ぜ合わせて、密閉容器に半量を敷き詰める。

❸ ②にごぼうとうずら卵を並べ入れ、残りのAをのせて広げて、ふたをして冷蔵室に入れる。冷蔵保存で1週間以内に食べきる。

材料（2人分）
ごぼう … 1/4本
じゃがいも … 1/2個
長ねぎ … 1/4本
カレー粉 … 小さじ1/2
A [水 … 1カップ
固形コンソメスープの素 … 1/2個]
牛乳 … 1と1/2カップ
塩 … 少々
バター … 5g

❶ ごぼうは斜め薄切りにし、じゃがいもは1cm角に、長ねぎは薄切りにする。

❷ 鍋にバターを溶かしてカレー粉と長ねぎを炒め、ごぼう、じゃがいもを炒め合わせる。Aを加えて、じゃがいもがやわらかくなるまで煮る。

❸ ②をミキサーにかけて鍋に戻し、牛乳を加えて温める。塩で味を調える。

ごぼうのカレー風味ポタージュ

小松菜

小松菜のガーリックサラダ

材料（2人分）
小松菜 … 1/2束
にんにく … 1/2片
A ┌ オリーブ油 … 小さじ2
　├ 粒マスタード … 小さじ1
　└ 塩・こしょう … 各少々

❶ 小松菜はサッとゆでて冷水にさらし、水けをきって3㎝長さに切る。にんにくは薄切りにする。
❷ Aをよく混ぜ合わせ、①をあえる。

小松菜と
さつま揚げのサラダ

材料（2人分）
小松菜 … 1束
さつま揚げ … 小2枚
A ┌ 水 … 1/4カップ
　├ しょうゆ … 大さじ1
　└ 酒 … 大さじ1
七味唐辛子 … 少々

❶ 小松菜は4㎝長さに切り、さつま揚げは1㎝幅に切る。
❷ 鍋にAとさつま揚げを入れて沸騰させ、小松菜を加える。しんなりしたらざるに上げて汁けをきり、器に盛って七味唐辛子をふる。

小松菜のさっと煮

材料（2人分）
小松菜 … 1/2束
えのきたけ … 1/2袋
ちりめんじゃこ … 10g
A[水 … 1と1/4カップ
　 酒 … 大さじ1
　 みりん … 大さじ2弱
　 薄口しょうゆ … 大さじ2弱]
水溶き片栗粉 … 大さじ1と1/2
一味唐辛子 … 少々
ごま油 … 大さじ1/2

❶ 小松菜は根を切り落とし、5cm長さに切る。えのきたけは根元を切ってざっとほぐす。ともにサッとゆでて水けを絞る。

❷ フライパンにごま油を熱し、ちりめんじゃこを香りよく炒めてAを加える。煮立ったら①を加え、再び煮立ったらアクをとり、水溶き片栗粉でとろみをつける。器に煮汁ごと盛って、一味唐辛子をふる。

小松菜とおからのサラダ

材料（2人分）
小松菜 … 2株
おから … 80g
にんじん … 3cm
れんこん … 小4cm
A[サラダ油 … 大さじ3
　 しょうゆ … 小さじ2
　 砂糖 … 小さじ2
　 酢 … 大さじ2
　 ゆずの皮のすりおろし … 少々
　 ゆずの絞り汁 … 少々]
ゆずの皮のすりおろし … 適量

❶ 小松菜は根を切り落としてサッとゆで、3cm長さに切って水けを絞る。にんじんは2mm厚さのいちょう切りにし、れんこんは3mm厚さの半月切りに。ともにゆでて水けをきる。

❷ おからはパラパラにカラいりする。

❸ ボウルにAをよく混ぜ合わせ、①、②をあえる。器に盛り、ゆずの皮のすりおろしをふる。

057

さつまいも

さつまいもの オレンジサラダ

材料（2人分）
さつまいも … 1/2本
オレンジ … 1/2個
水 … 1/2カップ

❶ さつまいもは1cm厚さの輪切りにする。オレンジは1cm厚さの輪切りを2枚作り、4等分に切る。残りは果汁を絞る。

❷ 小鍋に①と分量の水を入れて落としぶたをし、弱火でさつまいもがやわらかくなるまで煮る。

いも・栗・かぼちゃサラダ

材料（2人分）
さつまいも … 1/2本
かぼちゃ … 1/8個
栗の甘露煮 … 6個
A
- サワークリーム … 大さじ3
- 牛乳 … 大さじ1と1/2
- 砂糖 … 小さじ1
- こしょう … 少々

スライスアーモンド（ロースト）
　… 大さじ1

❶ さつまいもは1cm厚さの半月切りにし、水にさらして耐熱皿に並べ、ラップをかぶせて電子レンジ（600W）で3分ほど加熱する。

❷ かぼちゃは一口大に切り、さつまいもと同様に5分ほど加熱する。栗の甘露煮は半分に切る。

❸ ボウルにAをよく混ぜ合わせ、①、②をあえる。器に盛り、スライスアーモンドを散らす。

じゃがいも

じゃがいもとさけのサラダ

材料（2人分）
じゃがいも … 2個
塩ざけ … 2切れ
A ┌ ケッパー … 大さじ1
　│ オリーブ油 … 大さじ3
　│ 白ワインビネガー … 大さじ2
　│ 塩 … 小さじ1/2
　└ こしょう … 少々
玉ねぎ … 1/4個
菜の花 … 1/2束
ベビーリーフ … ふたつかみ
カッテージチーズ … 適量

❶ じゃがいもはラップに包んで電子レンジ（600W）で約8分加熱し、熱いうちに皮をむいて6等分に切る。

❷ 塩ざけは弱火でゆで、粗熱がとれたら皮と骨を取り除き、食べやすくほぐす。さけとじゃがいもが温かいうちに、Aと混ぜ合わせる。

❸ 玉ねぎは薄切りにして水にさらし、菜の花は塩ゆでして4cm長さに切る。水けを絞ってベビーリーフとともに器に盛り、②を汁ごとのせてカッテージチーズを散らす。

じゃがいも

即席ベイクド ポテトサラダ

材料（2人分）
じゃがいも … 2個
たらこ … 1/2腹
サワークリーム … 大さじ3
姫ねぎ … 少々

❶ じゃがいもはラップで包み、電子レンジ（600W）で7〜8分加熱する。

❷ ①をアルミホイルで包み、オーブントースターで6〜7分焼く。2〜3cm深さに十文字の切り込みを入れ、皮をめくる。

❸ たらこは身をしごき出して、サワークリームと混ぜ合わせ、②にのせて刻んだ姫ねぎを飾る。

じゃがいもと ごぼうのサラダ

材料（2人分）
じゃがいも … 1と1/2個
ごぼう … 1/2本
ベーコン … 1枚
パセリのみじん切り … 大さじ1/2
塩・粗びき黒こしょう … 各適量
サラダ油 … 大さじ1/2

❶ じゃがいもは5mm厚さの輪切りにし、水にさらして水けをきる。ベーコンは1cm幅に切る。

❷ ごぼうは長めのささがきにし、水にサッとさらしてざるに上げる。

❸ フライパンにサラダ油を熱してじゃがいもを並べ、返しながらこんがりと4〜5分焼く。ごぼうとベーコンを加えて炒め合わせ、ごぼうがしんなりしたらパセリを手早く混ぜて、塩と粗びき黒こしょうで調味する。

じゃがいもとたこの
マリネサラダ

材料（2人分）
じゃがいも … 2個
ゆでだこの足 … 100g
A ┌ 白ワインビネガー … 大さじ1
　│ オリーブ油 … 大さじ2
　│ 塩 … 小さじ1/2
　└ こしょう … 少々
エンダイブ … 適量
イタリアンパセリ … 1/2束

❶ じゃがいもとゆでだこは一口大に切り、それぞれゆでて水けをきる。

❷ ボウルにAをよく混ぜ合わせ、①が熱いうちに加えて混ぜ、しばらく味をなじませる。器にエンダイブを敷いて盛り、刻んだイタリアンパセリを散らす。

ミルクポテトサラダ

材料（2人分）
じゃがいも … 大1個
バター … 5g
牛乳 … 1/4カップ
A ┌ 塩・こしょう … 各少々
　└ ナツメグ … 適量
パセリ … 適量

❶ じゃがいもは皮つきのままラップに包み、電子レンジ（600W）で6分加熱する。皮をむいてボウルに入れ、バターを加えてマッシャーでつぶす。

❷ ①へ温めた牛乳を少しずつ加えて混ぜ、Aで調味する。器に盛り、パセリを飾る。

じゃがいも

ロシア風サラダ

材料（2人分）
じゃがいも … 2個
A [白ワインビネガー … 大さじ1
　　塩・こしょう … 各少々]
ビーツ缶（スライスの水煮）… 100g
コンビーフ缶 … 小1缶（100g）
コルニッション（小きゅうりの
　ワインビネガー漬け）… 4本
B [マヨネーズ … 大さじ3
　　プレーンヨーグルト（無糖）
　　　… 大さじ1
　　塩・こしょう … 各少々]
サラダ菜 … 適量
ゆで卵 … 1個
万能ねぎ … 少々

❶ じゃがいもは2〜3cm角に切ってやわらかくゆで、熱いうちにAで調味する。
❷ ビーツは4等分に切り、コンビーフはほぐす。コルニッションは輪切りにする。
❸ ボウルに①、②、Bを入れてあえ、サラダ菜を敷いた器に盛る。
❹ ゆで卵は殻をむいて小さめに切り、万能ねぎは斜め薄切りにする。これを③に散らす。

じゃがいもと
ねぎのチヂミ風

材料（作りやすい分量）
じゃがいも … 2個（200g）
わけぎ … 2本
いかの塩辛 … 大さじ2
小麦粉 … 大さじ2
バター … 30g

❶ じゃがいもはせん切りにし、わけぎは小口切りにする。いかの塩辛は粗く刻む。
❷ ボウルに①を入れて混ぜ、小麦粉を加えてムラなく混ぜる。
❸ フライパンにバターを溶かして②を広げ入れ、ふたをして7〜8分蒸し焼きにする。焼き色がついたら裏返し、ふたをして4〜5分焼く。

チーズじゃが

材料（2人分）
じゃがいも … 1個
塩 … 少々
ピザ用チーズ … 20g
粗びき黒こしょう … 少々

❶ じゃがいもは皮つきのまま1cm厚さの輪切りにし、フライパンに並べてふたをし、蒸し焼きにする。途中で裏返し、両面に焼き色をつける。

❷ やわらかくなったら塩をふってピザ用チーズをのせ、ふたをしてチーズが溶けるまで焼く。粗びき黒こしょうをふる。

刻みじゃがと塩昆布のあえもの

材料（2人分）
じゃがいも … 1個
塩昆布 … ひとつまみ

❶ じゃがいもは皮つきのまません切りにし、透き通るまで塩ゆでする。

❷ 湯をきったじゃがいもと塩昆布を混ぜる。

マスタードじゃが

材料（2人分）
じゃがいも … 1個
塩 … 少々
マヨネーズ … 適量
粒マスタード … 適量

❶ じゃがいもは皮つきのまま電子レンジで4分加熱し、熱いうちに半分に割る。

❷ ①に塩をふって、マヨネーズと粒マスタードをのせる。

簡単ポテトチップス

材料（2人分）
じゃがいも … 1個
塩 … 適量

❶ じゃがいもは皮つきのまま薄切りにし、塩をまんべんなくふる。

❷ ①をキッチンペーパーを敷いた耐熱皿に並べ、パリパリになるまで電子レンジ（600W）で約10分加熱する。

春菊

春菊とトマトのサラダ

材料（2人分）
春菊 … 1/2束
プチトマト … 3個
油揚げ … 1/2枚
もやし … 1/4袋
A [しょうゆ・酒 … 各大さじ1/2
　　塩・こしょう … 各少々
　　サラダ油 … 大さじ1
　　ごま油 … 少々]

❶ 春菊はやわらかい葉先を摘んで冷水にとり、水けをきる。プチトマトは縦4つ割りにする。

❷ 油揚げは熱湯をかけて油抜きし、細切りにする。もやしはサッとゆで、ともに水けを絞る。

❸ ボウルにAをよく混ぜ合わせ、①、②をあえる。

春菊のマヨ豆腐あえ

材料（2人分）
春菊 … 1/2束
にんじん … 1/4本
絹ごし豆腐 … 1/3丁
A ┌ マヨネーズ・白練りごま
　│ 　… 各大さじ1
　│ 練りがらし … 小さじ1/2
　│ 塩・こしょう … 各少々
　└ しょうゆ … 小さじ1/2

❶ 春菊は4cm長さに切り、にんじんはせん切りにする。ともにサッとゆでて水けをきる。豆腐は水きりしておく。

❷ ボウルにAをよく混ぜ合わせ、豆腐を加えてつぶしながら混ぜる。ここに春菊とにんじんを加えてあえる。

春菊とにんじんの白あえ

材料（2人分）
春菊 … 1/2束
にんじん … 1/4本
こんにゃく … 40g
A ┌ だし汁 … 1/4カップ
　│ 砂糖 … 小さじ2/3
　└ 薄口しょうゆ … 小さじ1
木綿豆腐 … 1/2丁
B ┌ 塩 … 小さじ1/4
　│ 砂糖 … 小さじ1と1/2
　│ 薄口しょうゆ … 小さじ1/3
　└ 白練りごま … 大さじ1

❶ 春菊はサッとゆで、水けを絞って3cm長さに切る。にんじんとこんにゃくは薄い短冊切りにし、こんにゃくは下ゆでする。

❷ 鍋にAを合わせてにんじんとこんにゃくを入れ、にんじんがやわらかくなるまで煮る。

❸ 豆腐は熱湯にくずし入れてひと煮立ちさせ、ふきんにとって水けをよく絞る。すり鉢に入れてすりつぶし、Bを加えて混ぜる。

❹ ③に春菊、汁けをきった②を加えてあえる。

065

春菊

春菊と豆腐の
たらこドレッシングサラダ

材料（2人分）
春菊 … 1/2束
木綿豆腐 … 1丁
レタス … 2枚
たらこ … 1/2腹
サラダ油 … 大さじ2
酢 … 大さじ1
しょうゆ … 小さじ1

❶ 春菊はやわらかい葉先を摘み、レタスは食べやすくちぎる。豆腐は水きりして2cm角に切る。

❷ たらこは身をしごき出し、サラダ油を少しずつ加えてのばす。酢、しょうゆも加えて混ぜる。

❸ 器に①を盛り、②をかける。

材料（2人分）
春菊 … 1/2束
うなぎのかば焼き … 1串
紫玉ねぎ … 1/4個
きゅうり … 1/2本
貝割れ … 1/2パック
A ┌ 酢 … 大さじ1/4
  │ グレープシードオイル … 小さじ1
  │ しょうゆ … 大さじ1/4
  └ ゆずこしょう … 少々
白いりごま … 適量

春菊とうなぎのサラダ

❶ 春菊はやわらかい葉先を摘む。紫玉ねぎは薄切りにして水にさらし、水けをきる。きゅうりはせん切りにし、貝割れは根元を切る。

❷ うなぎは温めてから食べやすい大きさに切る。

❸ ボウルにAをよく混ぜ合わせ、春菊、紫玉ねぎ、貝割れをあえる。器に盛って②をのせ、きゅうりを飾っていりごまをふる。

ズッキーニのハーブオイル

ズッキーニ

材料（2人分）
ズッキーニ … 2本
A ┌ オリーブ油 … 大さじ1
  │ 塩 … 小さじ1/3
  │ こしょう … 少々
  └ ハーブミックス（乾燥）… 小さじ1/2

❶ ズッキーニは皮を縞目にむいてから、7〜8mm厚さの輪切りにする。サッと塩ゆでし、ざるに上げて水けをきる。

❷ ①が熱いうちに**A**と混ぜ合わせ、しばらく味をなじませる。

ズッキーニとにんじんのアンチョビーサラダ

材料（2人分）
ズッキーニ … 1本
にんじん … 1/3本
アンチョビー … 4枚
パセリ … 適量
オリーブ油 … 少々

❶ ズッキーニは1cm厚さの輪切りにし、にんじんは薄い輪切りにする。

❷ フライパンにオリーブ油を熱し、アンチョビーをへらでつぶしながら炒める。①を加えて炒めながら味をからめ、器に盛ってパセリを飾る。

スプラウト／アルファルファ

スプラウトの
サーモン巻き

材料（2個分）
ブロッコリースプラウト … 1/3パック
スモークサーモン … 2枚
クラッカー … 2枚
マヨネーズ … 適量

❶ ブロッコリースプラウトは根を切り落とす。
❷ スモークサーモンを広げて、ブロッコリースプラウトを半量ずつのせ、くるっと巻く。
❸ クラッカーにマヨネーズを細く絞り出し、①をのせる。

アルファルファのしば漬けあえ

材料（2人分）
アルファルファ … 1パック
塩 … 小さじ1/3
しば漬け … 20g

❶ アルファルファはサッと洗って水けをきり、塩をふってざっともむ。しば漬けは細切りにする。
❷ アルファルファの水けを絞って、しば漬けと合わせて軽くもみ、味をなじませる。

セロリの明太ドレッシング

材料（2人分）
セロリ … 1/2本
明太子 … 1/2腹
A「 酢 … 大さじ1
 └ サラダ油 … 小さじ1

❶ セロリは筋をとり、3〜4mm厚さの斜め切りにして器に盛る。

❷ 明太子は身をしごき出し、Aを加えて混ぜ合わせる。これを①にかける。

セロリとにんじんのサラダ

材料（2人分）
セロリ … 1/2本
にんじん … 1/2本
塩 … 少々
A「 白すりごま … 大さじ1
 │ レモンの絞り汁 … 小さじ2
 └ ごま油 … 小さじ1

❶ セロリは筋をとり、3〜4mm厚さに切る。にんじんは薄い短冊切りにする。ともに塩をふり、軽くもむ。

❷ ボウルにAをよく混ぜ合わせて①をあえ、器に盛ってセロリの葉を飾る。

セロリのさっぱり漬け

材料（2人分）
セロリ … 1/2本
すし酢 … 大さじ1

❶ セロリは筋をとり、4〜5mm厚さの輪切りにする。

❷ すし酢を①に加え、軽くもんで味をなじませる。

セロリ

セロリの五香粉風味

材料（2人分）
セロリ … 1/2本
A［ しょうゆ … 大さじ1
　　黒酢 … 大さじ1
　　ごま油 … 小さじ1/2
　　五香粉 … 小さじ1/8 ］

❶ セロリは筋をとり、長めの細切りにする。
❷ ボウルにAをよく混ぜ合わせ、①を加え混ぜて半日以上置く。

セロリのあっさり昆布

材料（2人分）
セロリ … 小2本
昆布 … 5cm
A［ 塩 … 小さじ1/2
　　薄口しょうゆ … 1/4カップ
　　みりん … 大さじ1
　　酢 … 大さじ1
　　水 … 1/2カップ ］
赤唐辛子の小口切り … 1/2本分

❶ セロリは筋をとって一口大の乱切りにし、サッとゆでて水けをきる。
❷ 昆布は固く絞ったぬれぶきんでふき、キッチンばさみで細く切る。
❸ ボウルにAをよく混ぜ合わせ、①、②、赤唐辛子を加えて味をなじませる。

大根

大根とゆで卵のサラダ

材料（2人分）
大根 … 8cm
塩 … 小さじ1/4
ゆで卵 … 1個
マヨネーズ … 1/4カップ
万能ねぎ … 少々

❶ 大根は薄いいちょう切りにして塩をふり、ざっと混ぜてしばらく置く。しんなりしたら軽くもみ、水けを絞る。

❷ ゆで卵は殻をむき、粗く刻む。

❸ ①、②を合わせてマヨネーズであえ、器に盛って小口切りにした万能ねぎを散らす。

大根

大根と生ハムのレモン風味

材料（2人分）
大根 … 1/3本
塩 … 小さじ1/2
生ハム … 3〜4枚
ブロッコリー … 1/3株
レモンの絞り汁 … 1/4個分
粗びき黒こしょう … 小さじ1/4

❶ 大根は5mm厚さの短冊切りにし、塩をふってよくもむ。生ハムは細かくちぎる。

❷ ブロッコリーは小房に分けてから薄切りにし、サッと塩ゆでしてざるに上げる。

❸ 大根の水けを軽く絞り、生ハムと②、レモンの絞り汁、粗びき黒こしょうを混ぜ合わせる。

大根の紹興酒漬け

材料（2人分）
大根 … 1/6本
塩 … 少々

A ┌ しょうゆ … 大さじ2
　│ 砂糖 … 大さじ1
　│ 紹興酒 … 大さじ1/2
　└ 赤唐辛子の小口切り … 1/2本分

❶ 大根は7mm厚さのいちょう切りにし、塩をふる。しんなりしたら、水けをきる。

❷ ボウルに**A**をよく混ぜ合わせ、①を加え混ぜて半日以上置く。

サラダが
おいしくなる
MEMO

サラダに向く大根の部位

大根は葉に近い部分、根に近い部分、中央部分と３つに分けられ、それぞれ味や食感が違います。葉に近い部分は甘みが一番強くてやわらかいので、サラダやあえものに適しています。根に近い部分は辛みが強く、繊維もしっかりしているのでみそ汁や漬け物に。中央部分は水分が多く、辛みが少なくて堅いので煮ものに向いています。賢く使い分けるとサラダが数倍美味に。

大根とそら豆のナンプラー漬け

材料（2人分）
大根 … 1/4本
塩 … 小さじ1/2
そら豆（冷凍）… 100g
ライムの薄切り … 2枚
A ┌ にんにくのみじん切り … 1片分
  │ 赤唐辛子の小口切り … 1本分
  │ ナンプラー … 大さじ1
  │ ライムの絞り汁 … 1/4個分
  └ はちみつ … 小さじ1

❶ 大根は2cm角に切り、塩をふってもむ。そら豆は解凍して薄皮をむく。ライムはいちょう切りにする。

❷ ボウルにAをよく混ぜ合わせ、水けをきった大根、そら豆、ライムを加えて混ぜ、味をなじませる。

大根

大根の梅干し塩昆布あえ

材料（2人分）
大根 … 1/4本
大根の葉 … 少々
塩 … 小さじ1/3
梅干し … 1個
塩昆布 … 大さじ1

❶ 大根は2cm角に薄く切り、大根の葉はみじん切りにする。ともに塩をふり、ざっともんで水けをきる。

❷ 梅干しは種を除いて刻み、塩昆布は細く切る。これと①を合わせて混ぜ、軽くもむ。

ねばねばサラダ

材料（2人分）
大根 … 6cm
納豆 … 小1パック
めかぶ（味つけ）… 1/2パック

❶ 大根は4cmを7mm角に切り、残はすりおろして水けをきる。

❷ ボウルに納豆と添付の練りがらし、たれを加えてよく混ぜ、①とめかぶも加え混ぜる。

大根スティック

材料（2人分）

大根 … 10cm
A [練りわさび … 適量
　　マヨネーズ … 適量]

❶ 大根は皮つきのまま1cm角の棒状に4本切る。
❷ Aをよく混ぜ合わせ、①に添える。

大根サンド

材料（2人分）

大根 … 4cm
A [クリームチーズ … 50g
　　みそ … 小さじ2]

❶ 大根は皮つきのまま5mm厚さの輪切りにし、2枚1組にする。
❷ Aをよく混ぜ合わせ、①にはさんで食べやすく切る。

香ばし大根

材料（2人分）

大根 … 5cm
しょうゆ … 適量

❶ 大根は皮つきのまま薄い輪切りにし、焼き網に1枚ずつ並べ、両面をこんがりと焼く。しょうゆをかけて食べる。

大根のともあえ

材料（2人分）

大根 … 10cm
しょうゆ … 適量

❶ 大根は半分を皮つきのまま1cm角に切り、残りはすりおろして軽く水けをきる。
❷ ①を混ぜて、しょうゆをかける。

玉ねぎ

玉ねぎの
さっぱりサラダ

材料（2人分）
玉ねぎ … 1個
サラダほうれんそう … 1/2束
ゆで卵 … 1個
塩・こしょう … 各適量
オリーブ油 … 大さじ1〜2

❶ 玉ねぎは縦半分に切って薄切りにし、塩小さじ1/2をふってしっかりもむ。しんなりしたら、水けを絞る。

❷ サラダほうれんそうは一口大にちぎり、ゆで卵は殻をむいて適宜に割る。

❸ 器に①、②を盛り、塩・こしょう各少々をふってオリーブ油をかける。

オニオンピクルス

材料（2人分）
小玉ねぎ … 8個
A ┌ 白ワインビネガー … 大さじ1
　│ 水 … 大さじ1
　│ 砂糖 … 小さじ1
　└ 塩 … 小さじ1/2

❶ 小玉ねぎは皮をむいて堅めにゆで、水けをきって保存容器に入れる。

❷ 小鍋にAを入れて煮立て、熱いうちに①に加える。そのままさまして4時間以上漬ける。

中華風サラダ

材料（2人分）
玉ねぎ … 1個
塩 … 少々
A ┌ 砂糖 … 大さじ1
　│ ごま油 … 大さじ1
　│ 水 … 大さじ2
　│ 酢 … 大さじ2
　└ レモンの皮のせん切り
　　　… 少々
白いりごま … 少々

❶ 玉ねぎは縦半分に切って薄切りにし、塩をふってもむ。しんなりしたら水で洗って絞る。

❷ ボウルにAをよく混ぜ合わせ、①をあえていりごまをふる。

玉ねぎの和風サラダ

材料（2人分）
紫玉ねぎ … 中1/2個
青じそ … 5枚
ちりめんじゃこ … 10g
A ┌ だし汁 … 大さじ1
　│ 酢 … 大さじ1
　│ しょうゆ … 小さじ1
　│ 砂糖 … 小さじ1
　│ 塩・こしょう … 各少々
　└ ごま油 … 大さじ1/2

❶ 紫玉ねぎは薄切りにして水にさらし、水けをきる。青じそはせん切りにし、ちりめんじゃこはサッと熱湯をかけて水けをきる。

❷ 器に①を盛り、Aをよく混ぜ合わせてかける。

玉ねぎ

玉ねぎ焼き

材料（2人分）
玉ねぎ … 1個
塩 … 少々

❶ 玉ねぎは1cm厚さの輪切りにし、油をひかずにフライパンで両面をこんがりと焼く。塩をふって食べる。

玉ねぎのおかかあえ

材料（2人分）
玉ねぎ … 1個
削り節 … 小1パック
しょうゆ … 適量

❶ 玉ねぎは縦半分に切って薄切りにし、水にさらして水けをきる。
❷ 器に盛って削り節をのせ、しょうゆをかける。

オニオン炒め

材料（2人分）
玉ねぎ … 1個
片栗粉 … 小さじ1
酒 … 大さじ1
しょうゆ … 小さじ2
白いりごま … 少々

❶ 玉ねぎは縦半分に切り、繊維を断つように薄切りにする。
❷ ①を鍋に入れて片栗粉をまぶし、酒としょうゆを加えて混ぜる。中火にかけ、混ぜながらとろりとするまで2～3分火を通し、いりごまをふる。

玉ねぎのトースター焼き

材料（2人分）
玉ねぎ … 1個
塩・こしょう … 各少々
オリーブ油 … 適量
粗びき黒こしょう … 適量

❶ 玉ねぎは縦4つ割りにして1枚ずつはがし、切り口を上にしてアルミホイルに並べる。
❷ 塩とこしょうをふって、オリーブ油をかけ、ホイルに包んでオーブントースターで5分焼く。粗びき黒こしょうをふる。

チンゲンサイのごま油風味

材料（2人分）
チンゲサイ … 2株
A［ オイスターソース … 大さじ1/2
　　しょうゆ … 大さじ1/2 ］
ごま油 … 大さじ1
しょうがのせん切り … 1/2かけ分

❶ チンゲンサイはを1枚ずつはがして塩ゆでし、水けを絞る。器に盛り、Aをよく混ぜ合わせてかける。

❷ 食べる直前に小鍋でごま油を熱し、①にまわしかけて（はねることがあるので注意）、しょうがを飾る。

チンゲンサイと干しえびのサラダ

材料（2人分）
チンゲンサイ … 1株
干しえび … 3g
水 … 大さじ1
にんにくのみじん切り … 1/2片分
塩 … 少々
サラダ油 … 大さじ1

❶ チンゲンサイは4cm長さに切る。干しえびは分量の水に15分ほどつけて戻す（戻し汁はとっておく）。

❷ フライパンにサラダ油、にんにく、水けをきった干しえびを入れて香りよく炒め、チンゲンサイの茎を加えて炒める。葉も炒め合わせ、塩と干しえびの戻し汁を加えてサッと炒める。

チンゲンサイ

チンゲンサイと油揚げの煮びたし

材料（2人分）
チンゲンサイ … 1株
油揚げ … 1枚
A ┌ だし汁 … 1カップ
　├ しょうゆ … 大さじ1と1/3
　└ みりん … 大さじ1と1/3

❶ チンゲンサイは1枚ずつはがし、葉と茎に切り分ける。
❷ 油揚げは1～2分ゆでて洗い、水けを絞って2cm幅に切る。
❸ 鍋にAを合わせて煮立て、チンゲンサイの茎と②を加える。再び煮立ったら葉を加えて、しんなりするまで2～3分煮る。

チンゲンサイのにんにく炒め

材料（2人分）
チンゲンサイ … 1株
にんにく … 1/2片
A ┌ 水 … 1/4カップ
　├ 鶏ガラスープの素 … 小さじ1/4
　└ 塩 … 小さじ1/4
サラダ油 … 大さじ1

❶ チンゲンサイは1枚ずつはがし、葉と茎に切り分ける。
❷ フライパンにサラダ油とつぶしたにんにくを入れて火にかけ、チンゲンサイの茎を炒める。次に葉を炒め合わせ、Aを加えてひと炒めする。

コーンと きゅうりのサラダ

とうもろこし

材料（2人分）
ホールコーン（缶詰）… 1カップ
きゅうり … 1本
A ┌ 酢 … 大さじ1弱
  │ レモンの絞り汁 … 小さじ1/2
  │ 塩・こしょう … 各少々
  │ マスタード … 少々
  └ サラダ油 … 大さじ1と1/2
サラダ菜 … 3枚

❶ ホールコーンは缶汁をきり、きゅうりは1cm角に切る。

❷ ボウルにAをよく混ぜ合わせ、①をあえて、サラダ菜を敷いた器に盛る。

コーン天

材料（2人分）
ホールコーン（冷凍）… 80g
紅しょうが … 5g
黒いりごま … 大さじ1
A ┌ 片栗粉 … 大さじ1
  │ 小麦粉 … 大さじ1
  └ 塩 … 少々
揚げ油 … 適量

❶ ボウルにホールコーン、紅しょうがのせん切り、いりごまを入れて混ぜ、Aをふり入れて混ぜる。水を適量加えてしっとりさせる。

❷ 鍋に油を170度に熱し、①をスプーンですくって落とし、カラッと揚げる。

トマト

トマトのメープルサラダ

材料（2人分）
トマト … 1個
A
- メープルシロップ … 小さじ1
- 塩・こしょう … 各少々
- オリーブ油 … 小さじ1
- レモンの絞り汁 … 大さじ1/2

❶ トマトは一口大の乱切りにし、よく混ぜ合わせた**A**であえる。

サラダが
おいしくなる
MEMO

トマトの皮は湯むきが一番

トマトの皮をむく、むかないは好みですが、種類によっては堅くてもそもそすることもあるので、その場合は「湯むき」をします。やり方は、なり口と反対側に十文字の切り込みを入れ、お玉にのせて熱湯に10秒ほどつけます。皮がはぜてきたら水にとると、皮がつるっときれいにむけます。なめらかで見た目もよくなるので、おもてなしにもいいですね。

トマトの
オニオンサラダ

材料（2人分）
トマト … 2個
玉ねぎ … 小1/4個
ピーマン … 2個
きゅうりのピクルス … 2本
A [酢 … 大さじ1
    塩 … 小さじ1/3
    こしょう … 少々
    砂糖 … 小さじ1/2
    サラダ油 … 大さじ3]

❶ トマトは皮を湯むきし、7mm厚さの輪切りにして器に並べておく。

❷ 玉ねぎはみじん切りにして水にさらし、水けを絞る。ピーマン、きゅうりのピクルスはみじん切りにする。

❸ ①に②をのせ、よく混ぜ合わせたAをかける。

プチトマトの
レモンマリネ

材料（2人分）
プチトマト … 10個
レモンの薄切り … 2枚
A [レモンの絞り汁 … 大さじ1/2
    砂糖 … 小さじ1
    塩 … ひとつまみ
    こしょう … 少々]

❶ プチトマトは縦半分に切り、レモンの薄切りはいちょう切りにする。

❷ ボウルにAをよく混ぜ合わせ、①をあえてしばらく置く。

トマト

プチトマトと香菜のサラダ

材料（2人分）
プチトマト … 10個
香菜 … 2株
A［ ごま油 … 小さじ1
　　しょうゆ … 小さじ1/2 ］

❶ プチトマトは縦半分に切り、香菜は1cm長さに切る。
❷ ボウルに**A**をよく混ぜ合わせ、①をあえる。

プチトマトの変わり漬け

材料（2人分）
プチトマト … 1パック
小玉ねぎ … 2個
砂糖 … 小さじ2
A [はちみつ … 小さじ1
　　白ワインビネガー … 大さじ2
　　塩 … 小さじ1/3
　　こしょう … 少々
　　オリーブ油 … 大さじ2と1/2]

❶ プチトマトはヘタの部分に十文字の切り込みを入れる。小玉ねぎは薄い輪切りにして水にさらし、水けをきる。

❷ ボウルに①と砂糖を合わせてざっと混ぜ、Aを加えてしばらく置く。

トマトとひよこ豆のマリネ

材料（2人分）
トマト … 1/2個
ひよこ豆（水煮）… 1/2カップ
A [オリーブ油 … 大さじ1
　　白ワインビネガー … 大さじ1/2
　　しょうゆ … 大さじ1/2
　　塩・こしょう … 各少々]
バジルの葉 … 適量

❶ トマトは1cm角に切り、ひよこ豆は汁けをきる。

❷ ボウルにAをよく混ぜ合わせて①をあえ、しばらく置く。器に盛り、バジルの葉を飾る。

トマト

トマトラッシー

材料（2人分）
フルーツトマト … 2個
プチトマト（飾り用）… 2個
プレーンヨーグルト（無糖）… 1カップ

❶ フルーツトマトは皮を湯むきし、1cm角に切って冷凍しておく。
❷ 飲む直前に①とヨーグルトをミキサーに入れてかくはんし、なめらかになったらグラスに注いで、プチトマトを飾る。

プチトマトのコンポート

材料（4個分）
プチトマト … 10個
A ┌ みりん … 1/4カップ
  │ 水 … 大さじ2
  │ 砂糖 … 小さじ1/2
  └ レモンの絞り汁 … 小さじ1/2
ミントの葉 … 適量

❶ プチトマトはヘタと反対側に、十文字の切り込みを浅めに入れる。
❷ 小鍋にAを煮立たせて①を加え、再び沸騰したら火を止める。トマトの皮を取り除き、煮汁ごと冷蔵室で冷やす。器に盛り、ミントの葉を飾る。

プチトマトととんぶりのサラダ

材料（2個分）
プチトマト … 4個
とんぶり … 小さじ4
しょうゆ … 少々

❶ プチトマトは上1/3を切り、中身をスプーンでくり抜く。
❷ とんぶりをのせ、しょうゆをかける。

塩トマト

材料（2人分）
トマト … 1個
粗塩 … 少々

❶ トマトは縦半分に切って7
〜8mm厚さに切り、皿に並
べて粗塩をふる。

トマトのカルパッチョ

材料（2人分）
トマト … 1個
塩・こしょう … 各少々
オリーブ油 … 適量
レモン … 適量

❶ トマトは5mm厚さの輪切りにし、皿に
重ねてのせる。塩、こしょう、オリー
ブ油をかけて、レモンを飾る。

とろとろトマト

材料（2人分）
トマト … 1個
塩・粗びき黒こしょう・
　パセリのみじん切り … 各少々

❶ トマトはフォークでとろっとするまで
つぶし、塩、粗びき黒こしょう、パセリ
（ドライでも可）を混ぜる。

こんがりトマト

材料（2人分）
トマト … 小1個
塩・粗びき黒こしょう … 各少々
粉チーズ … 適量

❶ トマトは縦半分に切り、切り口に塩
と粗びき黒こしょう、粉チーズをか
ける。これをアルミホイルにのせて、
オーブントースターで5分ほど焼く。

087

長いも

長いもの梅たたきあえ

材料（2人分）
長いも … 10cm
梅干し … 小2個

❶ 長いもは縦4等分に切り、梅干しは種をとる。
❷ ポリ袋に梅干しを入れて、瓶などでたたいてつぶす。さらに長いもを加え、たたきながら梅肉となじませる。

長いもとたこのピリ辛あえ

材料（2人分）
長いも … 10cm
ゆでだこの足 … 100g
白菜キムチ … 80g
A［コチュジャン … 大さじ1
　みそ … 大さじ1
　酒 … 大さじ1］
レモンの絞り汁 … 1/4個分

❶ 長いもはポリ袋に入れ、瓶などでたたいてつぶす。
❷ ゆでだこは一口大に切り、白菜キムチは粗みじん切りにする。
❸ ボウルにAをよく混ぜ合わせ、①、②をあえてレモンの絞り汁をかける。

長いもとなめたけのサラダ

材料（2人分）
長いも … 7cm
なめたけ（瓶詰）… 大さじ2
木の芽 … 少々

❶ 長いもはポリ袋に入れ、瓶などでたたいて小さく割る。なめたけと混ぜて器に盛り、木の芽を飾る。

088

長いもの甘酢あんがらめ

材料（2人分）
長いも … 10cm
酢 … 少々
A ┌ 酢 … 大さじ1
  │ トマトケチャップ … 大さじ1
  │ 砂糖 … 大さじ1
  │ 酒 … 大さじ1/2
  │ 水 … 大さじ1/2
  └ しょうゆ・塩 … 各少々
水溶き片栗粉 … 大さじ1/2
揚げ油 … 適量

❶ 長いもは乱切りにし、酢水で洗って水けをふく。これを170度の油でこんがりと揚げる。

❷ 鍋にAを入れてよく混ぜ、煮立たせてから水溶き片栗粉でとろみをつけ、①を手早くからめる。

長いもと海藻のラー油みそ

材料（2人分）
長いも … 10cm
酢 … 少々
海藻ミックス（乾燥）… 10g
A ┌ ラー油 … 小さじ1/4
  │ みそ … 大さじ1
  └ みりん … 小さじ1

❶ 長いもは薄い短冊切りにし、酢水につけて水けをきる。

❷ 海藻ミックスは水で戻し、水けを絞って食べやすく切る。

❸ ボウルにAをよく混ぜ合わせ、①、②を加えて軽くもみ、味をなじませる。

長いも

長いもと笹かまぼこのサラダ

材料（2人分）

長いも … 8cm
酢 … 少々
オクラ … 3本
きゅうり … 1本
笹かまぼこ … 5枚
明太子 … 30g
酒 … 大さじ1
マヨネーズ … 大さじ2
万能ねぎの小口切り … 1本分

❶ 長いもは1cm厚さのいちょう切りにし、酢水にさらす。オクラはサッとゆでて3mm厚さの小口切りにする。

❷ きゅうりは縦半分に切り、笹かまぼことともに1cm幅に切る。

❸ 明太子は身をしごき出してボウルに入れ、酒とマヨネーズを加えて混ぜる。水けをきった①、②を加えてあえ、器に盛って万能ねぎを散らす。

なすのねぎソースかけ

材料（2人分）
なす … 大2個
長ねぎのみじん切り … 大さじ2
A [しょうゆ … 大さじ2
酢 … 大さじ1
砂糖 … 小さじ1
トウバンジャン … 少々
ごま油 … 小さじ1]

❶ なすは丸ごとゆでてざるに上げ、さめたらヘタをとって食べやすく切り、器に盛る。

❷ 長ねぎのみじん切りとAをよく混ぜ合わせ、①にかける。

なす

揚げなすのピリ辛漬け

材料（2人分）
なす … 4個
長ねぎ … 1/4本
しょうが … 1/2かけ
にんにく … 1/2片
A [しょうゆ … 大さじ3
キムチの素（市販品） … 小さじ2
鶏ガラスープの素 … 小さじ1/3
酒・湯 … 各大さじ1]
揚げ油 … 適量

❶ なすは皮を縞目にむき、2cm厚さの輪切りにして水にさらす。

❷ 長ねぎ、しょうが、にんにくはみじん切りにし、Aと混ぜ合わせる。

❸ フライパンに油を170度に熱し、水けをふいたなすを返しながら揚げる。熱いうちに②につけて味をなじませる。

なすとしめじのバルサミコ酢

材料（2人分）
なす … 3個
しめじ … 1パック
にんにくの薄切り … 1/2片分
赤唐辛子（種を除く）… 1本
A ┌ バルサミコ酢 … 大さじ1
  └ しょうゆ … 小さじ2
オリーブ油 … 大さじ2

❶ なすは縦4等分にしてから長さを半分に切り、水にさらす。しめじは小房に分ける。
❷ フライパンにオリーブ油、にんにく、赤唐辛子を入れて弱火にかけ、香りが出たら水けをふいたなす、しめじを加えて中火で炒める。
❸ 仕上げにAをまわし入れて混ぜる。

なすとエリンギのマリネ

材料（2人分）
なす … 2個
エリンギ … 2本
バター … 少々
A ┌ レモンの絞り汁 … 大さじ1
  │ 塩・こしょう … 各少々
  └ オリーブ油 … 大さじ1/4
青じそ … 2枚

❶ なすは焼き網でこんがり焼き、塩水にとってさます。ヘタをとって皮をむき、手で縦に裂いて水けをふく。
❷ エリンギも手で縦に裂き、バターをぬったアルミホイルに包んで蒸し焼きにする。
❸ ボウルに①、②、Aを合わせて混ぜ、器に盛ってせん切りにした青じそをのせる。

なすの香味漬け

材料(2人分)
なす … 3個
みょうが … 1個
しょうが … 1/2かけ
塩 … 小さじ1/2
青じそ … 2枚
しょうゆ … 少々

❶ なすは薄い輪切りにし、みょうがは小口切りに、しょうがはせん切りにする。それぞれ水にさらす。

❷ ①の水けをよくきってざっと混ぜ、塩をふってもむ。しんなりしたら水けを絞る。器に盛ってせん切りにした青じそを飾り、しょうゆをかける。

なすのからし漬け

材料(2人分)
なす … 2個
A [しょうゆ … 大さじ1
   酢 … 大さじ1
   ごま油 … 大さじ1
   練りがらし … 小さじ1]

❶ なすは5mm厚さの半月切りにする。
❷ Aをジッパー式保存袋に入れて①を加え、よくもんで3時間以上置く。

| サラダが
おいしくなる
MEMO |

アクをとるとよりおいしく

なすにはアクがない、と思われがちですが、皮に含まれているポリフェノールにはアクの原因になる渋みや苦み成分があるので、とるのがおすすめ。といっても水にさらすと抗酸化作用などの栄養も流れ出るので、塩を全体にふってアクを浮き立たせるのが得策です。塩の量はなすの重さの1%。塩をふって10分もすると表面にアクの水滴が浮くので、ふきとって調理します。

なす

なすの和風サラダ

材料（2人分）
なす … 3個
A ┌ だし汁 … 3/4カップ
　└ しょうゆ・酒 … 各小さじ2
七味唐辛子 … 少々

❶ なすは1.5cm厚さの輪切りにする。
❷ 鍋にAを入れて煮立たせ、なすを加えて落としぶたをして煮る。やわらかくなったら、そのままさます。器に盛り、七味唐辛子をふる。

焼きなす

材料（2人分）
なす … 4個
しょうが … 1/2かけ
しょうゆ … 適量

❶ なすは洗って水けをふき、ガクをとる。
❷ 焼き網を熱してなすをのせ、転がしながら皮が真っ黒に焦げてシワシワになるまで強火で焼く。
❸ 皮をむいてヘタをとり、縦4〜6つに裂いて器に盛る。しょうがのすりおろしとしょうゆをかける。

なすのごまマヨあえ

材料（2人分）
なす … 3個

A
- マヨネーズ … 大さじ1
- しょうゆ … 大さじ1
- 白練りごま … 大さじ1
- しょうがのすりおろし … 1/2かけ分
- 白いりごま … 適量

❶ なすはヘタをとって焼き網に並べ、強火で焦げ色がつくまで焼く。皮をむいて、食べやすく手で裂く。

❷ ボウルにAをよく混ぜ合わせ、①をあえる。

ゆでなす

材料（2人分）
なす … 3個

A
- しょうゆ … 大さじ2
- サラダ油 … 大さじ1
- にんにくのすりおろし … 少々
- しょうがの絞り汁 … 小さじ1/2

長ねぎ … 2cm

❶ なすは2cm厚さの輪切りにし、塩ゆでする。

❷ ボウルにAをよく混ぜ合わせ、水けをきった①をあえる。器に盛って汁をかけ、長ねぎのせん切りをのせる。

菜の花のヨーグルトサラダ

材料（2人分）
菜の花 … 2/3束
プレーンヨーグルト（無糖）
　… 大さじ6
薄口しょうゆ … 大さじ1/2

❶ ヨーグルトはキッチンペーパーで包み、ざるに入れて軽く重しをして、30分ほど水きりする。
❷ 菜の花は塩ゆでして水にとり、水けを絞って食べやすく切る。
❸ ボウルに①と薄口しょうゆを入れて混ぜ、②をあえる。

菜の花のピリ辛にんにく

材料（2人分）
菜の花 … 1束
A ┌ 塩 … 小さじ1/2
　│ こしょう … 少々
　│ 鶏ガラスープの素 … 小さじ1/2
　│ 湯 … 大さじ2
　└ にんにくのすりおろし … 1/2片分
酢 … 大さじ1
赤唐辛子の小口切り … 1/2本分
サラダ油 … 小さじ1

❶ 菜の花は塩ゆでして水にとり、水けを絞って食べやすく切る。
❷ ボウルにAをよく混ぜ合わせ、酢、赤唐辛子、サラダ油も加えて混ぜ、①をあえる。

菜の花と帆立のサラダ

材料（2人分）
菜の花 … 1/2束
帆立缶 … 小1缶（40g）
A ┌ マヨネーズ … 大さじ2
　│ 練りわさび … 少々
　└ 帆立缶汁 … 小さじ1
白いりごま … 少々

❶ 菜の花は塩ゆでして水にとり、水けを絞って2cm長さに切る。
❷ 帆立は缶汁をきり、身をほぐして①と合わせる。
❸ ボウルにAをよく混ぜ合わせ、②をあえて器に盛り、いりごまをふる。

菜の花のくるみあえ

材料（2人分）
菜の花 … 1束
くるみ … 30g
A ┌ しょうゆ … 小さじ2
　│ 砂糖 … 小さじ1
　└ だし汁 … 小さじ2

❶ 菜の花は塩ゆでして水にとり、水けを絞って2cm長さに切る。
❷ くるみはフライパンでカラいりし、すり鉢などですりつぶす。
❸ ボウルにAと②をよく混ぜ合わせ、①をあえる。

にら

にら玉

材料（2人分）
- にら … 1/2束
- 卵 … 2個
- 生しいたけ … 1個
- ハム … 1枚
- 長ねぎのみじん切り … 大さじ1/2
- 塩・こしょう … 各少々
- ごま油 … 小さじ1/2
- サラダ油 … 大さじ1と1/2

❶ にらは3cm長さに切り、生しいたけは石づきをとって薄切りにする。ハムは細切りにする。卵は切るようにほぐし、塩とこしょうを加えて混ぜる。

❷ フライパンにサラダ油大さじ1/2を熱し、卵以外の①を強火で炒め、しんなりしたら取り出す。

❸ ②のフライパンにサラダ油大さじ1を熱して長ねぎを炒め、卵液を一気に流し入れる。手早く混ぜて半熟状に火を通し、②を戻し入れてごま油を加え混ぜる。

にらと万能ねぎのオイスター風味

材料（2人分）
- にら … 1/2束
- 万能ねぎ … 1/2束
- 塩 … 小さじ1/3
- A[オイスターソース … 小さじ1
  しょうゆ … 小さじ1
  にんにくの薄切り … 1/2片分]

❶ にらと万能ねぎは4cm長さに切り、塩をふって軽くもむ。

❷ ボウルにAをよく混ぜ合わせ、①の水けを軽く絞って加え、サッともんで味をなじませる。

にらのピリ辛じょうゆ

材料（2人分）
にら … 1束
A ┌ しょうゆ … 大さじ1と1/2
  │ 酒 … 大さじ1
  └ 赤唐辛子（ちぎる）… 1/2本分
ごま油 … 大さじ1
しょうがの絞り汁 … 1/2かけ分

❶ にらはゆでて冷水にとり、水けを絞って5cm長さに切る。

❷ 鍋にAを入れて沸騰させ、火からおろしてごま油としょうがの絞り汁を加えて混ぜる。ここに①を加えて10分ほど漬ける。

にらのおろしあえ

材料（2人分）
にら … 1/2束
大根のすりおろし … 50g
薄口しょうゆ … 大さじ1/2
酢 … 小さじ1

❶ にらはゆでて冷水にとり、水けを絞って5cm長さに切る。

❷ ボウルに水けを軽くきった大根おろし、薄口しょうゆ、酢をよく混ぜ合わせ、①をあえる。

にんじん

にんじんの中華風ごまあえ

材料（2人分）
にんじん … 1本
ごま油 … 小さじ1/2
A [ジーマージャン … 大さじ1
   塩・砂糖 … 各小さじ1/2
   こしょう … 少々]
黒いりごま … 適量

❶ にんじんは太めのせん切りにし、ごま油を加えた熱湯でサッとゆでて水けをきる。

❷ ボウルに①とAをよく混ぜ合わせ、しばらく味をなじませる。器に盛り、いりごまをふる。

パリパリ松前漬け

材料（作りやすい分量）
にんじん … 1本
するめ … 1枚
だし昆布 … 10cm
A [かつおだし汁 … 3/4カップ
しょうゆ … 1/4カップ
酒 … 大さじ1
砂糖 … 小さじ1/2]

❶ にんじん、するめは5mm角の拍子木切りにする。昆布はぬれぶきんでふき、キッチンばさみで5mm幅に切る。

❷ 鍋にAを合わせてひと煮立ちさせ、火を止めてそのままさます。

❸ 密閉容器に①を入れて②をまわしかけ、ふたをして冷蔵室に入れる。味がなじむまで2～3時間ごとにかき混ぜる。翌日から食べられ、冷蔵保存で1週間以内に食べきる。

キャロットラペ

材料（2人分）
にんじん … 小1本
A [レーズン … 大さじ1
オリーブ油 … 大さじ2
白ワインビネガー … 大さじ1と1/2
塩 … 小さじ1/4
黒こしょう … 少々]

❶ にんじんはスライサーなどで細切りにする。

❷ ボウルにAをよく混ぜ合わせ、①をあえて30分ほど味をなじませる。

にんじん

キャロットナムル

材料（2人分）
にんじん … 1本
塩 … 少々
A [にんにくのすりおろし … 1/2片分
ごま油 … 小さじ2
こしょう … 少々
白いりごま … 小さじ1]

❶ にんじんは5cm長さのせん切りにし、塩をふってもむ。しんなりしたら水けを絞る。
❷ ボウルにAをよく混ぜ合わせ、①をあえる。

にんじんの粒マスタードあえ

材料（2人分）
にんじん … 1本
粒マスタード … 大さじ1
塩 … 少々

❶ にんじんは薄い輪切りにし、サッと塩ゆでして湯をきる。粒マスタードと塩であえる。

にんじん焼き

材料（2人分）
にんじん … 1本
塩・粗びき黒こしょう … 各適量
オリーブ油 … 大さじ1/2

❶ にんじんは5mm厚さの輪切りにし、オリーブ油で両面をこんがりと焼く。仕上げに塩と粗びき黒こしょうをふる。

にんじん酢もみ

材料（2人分）
にんじん … 1本
塩 … 少々
酢 … 大さじ1
砂糖 … 少々

❶ にんじんは2mm厚さの半月切りにし、塩をふって軽くもむ。さらに酢、砂糖の順にもみ混ぜる。

にんじんと
りんごのジュース

材料（2人分）
にんじん … 1/2本
りんご … 1/4個
A ┃ りんご酢 … 小さじ1
　┃ はちみつ … 大さじ1
　┃ 水 … 1と1/2カップ

❶ にんじんは薄切りにし、りんごはざく切りにする。

❷ ミキサーに①、Aを入れてかくはんし、ジュースにする。

にんじんの
ごはんポタージュ

材料（2人分）
にんじん … 1/3本
A ┃ 水 … 1と1/2カップ
　┃ 固形コンソメスープの素
　┃ 　… 2/3個
　┃ ごはん … 大さじ1
塩・こしょう … 各少々
甘栗（市販品）… 2個
バター … 10g

❶ にんじんは薄いいちょう切りにして鍋に入れ、バターで炒める。Aを加えてにんじんがやわらかくなるまで煮る。

❷ ①を汁ごとミキサーに入れて、なめらかになるまでかくはんし、鍋に戻し入れて温める。塩とこしょうで調味し、器に盛って細かく切った甘栗を散らす。

ねぎ

ねぎのアンチョビーマスタード

材料（作りやすい分量）
長ねぎ … 2本
セロリの茎 … 1本分
A ┌ 酢 … 2カップ
　│ 砂糖 … 40g
　└ ローリエ … 1枚
アンチョビー … 3枚
粒マスタード … 大さじ1

1. 長ねぎは3cm長さに切り、セロリも筋をとって同様に切る。
2. 鍋にAを入れて火にかけ、沸騰したら弱火にして10分ほど煮詰め、火を止めてそのままさます。
3. フライパンでアンチョビーを炒め、①を加えてサッと炒める。粒マスタードを全体にからめて保存瓶に入れ、②を注ぎ入れる。冷蔵保存で1週間以内に食べきる。

ねぎと鶏の中華サラダ

材料（2人分）
長ねぎの白い部分 … 1本分
鶏胸肉（皮なし）… 100g
A ┌ 塩 … 少々
　└ 酒 … 大さじ1
赤唐辛子 … 1/2本
B ┌ 塩・こしょう … 各少々
　│ しょうゆ … 小さじ1
　│ 酢 … 大さじ1
　└ ごま油 … 小さじ1/2
香菜 … 適量

1. 鶏肉は耐熱皿にのせてAをふり、ラップをかぶせて電子レンジ（600W）で約3分加熱。さめたら細くほぐす。
2. 長ねぎはせん切りにして水にさらし、水けをきる。赤唐辛子は種を除いて小口切りにする。
3. ボウルに①、②を入れてBを順に加えて混ぜ、器に盛って香菜を添える。

ねぎの酢みそあえ

材料（2人分）
長ねぎ … 1と1/2本
酢 … 少々
A [
みそ … 大さじ1と1/2
砂糖 … 大さじ3弱
酢 … 大さじ1
しょうゆ … 大さじ1/4
ごま油 … 大さじ1
サラダ油 … 小さじ1/2
練りがらし … 少々
]

❶ 長ねぎは縦半分に切って5mm幅の斜め切りにし、酢を加えた熱湯で1分ゆでる。水でサッと洗い、水けを絞る。

❷ ボウルにAをよく混ぜ合わせ、①をあえる。

わけぎのぬたあえ

材料（2人分）
わけぎ … 2本
塩 … 少々
ゆでだこの足 … 1本
A [
白みそ … 大さじ1弱
マヨネーズ … 大さじ1
練りがらし … 小さじ1/4
みりん … 大さじ1/4
薄口しょうゆ … 大さじ1/4
]

❶ わけぎはゆでてざるに上げ、塩をふってさます。葉先に向かって手でしごいて中のぬめりを出し、3cm長さに切る。

❷ ゆでだこは薄いそぎ切りにして、表面に切り込みを入れる。

❸ ボウルにAをよく混ぜ合わせ、①、②をあえる。

白菜のゆず昆布

材料（2人分）
白菜 … 1/4株
塩 … 大さじ3/4
ゆずの皮 … 1/4個分
A ┌ 酢 … 大さじ3
　├ 砂糖 … 大さじ1と1/2
　└ 昆布茶 … 小さじ2

❶ 白菜はざく切りにして塩でもみ、しんなりしたら水けを絞る。ゆずの皮はそぎ切りにする。

❷ ジッパー式保存袋に①、Aを入れてよくもみ混ぜ、重しをして30分以上置く。冷蔵保存で3〜4日以内に食べきる。

白菜のふりかけあえ

材料（2人分）
白菜 … 1/8株
塩 … 小さじ1/4
しょうがのせん切り
　… 1/2かけ分
好みのふりかけ … 1袋（2g）

❶ 白菜は1cm幅に切り、塩をふってしばらく置く。しんなりしたら、もんで水けを絞る。これとしょうがのせん切り、好みのふりかけを混ぜる。

白菜の
チーズサラダ

材料（2人分）
白菜 … 2枚
A ┌ マヨネーズ・プレーンヨーグルト・
  │   粉チーズ … 各大さじ1
  └ 塩・こしょう … 各少々
フライドオニオン（市販品）… 適量

❶ 白菜は小さめのそぎ切りにし、氷水に放してパリッとさせ、Aであえる。

❷ 器に盛り、フライドオニオンをふる。

辣白菜
（ラーバーツァイ）

材料（2人分）
白菜 … 小1/8株
塩 … 小さじ1
A ┌ しょうがのせん切り
  │   … 1かけ分
  │ 赤唐辛子の小口切り … 1/2本分
  │ ごま油 … 少々
  └ 粉ざんしょう … 少々

❶ 白菜の白い芯部分は5cm長さの短冊切りに、葉はざく切りにする。塩をふり、重しをして1時間置いて水けを絞る。

❷ ボウルにAをよく混ぜ合わせ、①をあえて1日以上置く。

サラダが
おいしくなる
MEMO

保存がきく塩もみでサラダに

使いきれない野菜の代表選手といえば、やっぱり白菜。最近は少量でも売られていますが、それでも使いきれなかったら「塩もみ」するといいでしょう。塩でもんで水分を出すと、かさが減るのでたくさん食べられ、しかも冷蔵室で1週間ほど保存が可能に。わかめやもやしと合わせて中華サラダに、ツナや玉ねぎと一緒にマヨネーズサラダに…と、応用も広がります。

> ハーブ

ルッコラのごまサラダ

材料（2人分）
ルッコラ … 1束
A [ごま油 … 大さじ1
白すりごま … 小さじ2
しょうゆ … 小さじ1
黒酢 … 小さじ½]

❶ ルッコラは水につけ、シャキッとしたらざく切りにする。水けをきって、よく混ぜ合わせた**A**とあえる。

パセリのサラダ

材料（2人分）
パセリ … 1束
玉ねぎ … 1/4個
クランベリー（生）… 10粒
A [レモンの絞り汁 … 小さじ2
オリーブ油 … 小さじ2
塩・こしょう … 各少々]

❶ パセリはみじん切りにする。玉ねぎもみじん切りにして水にさらし、水けを絞る。クランベリーは小さく切る。

❷ ボウルに**A**をよく混ぜ合わせて、①をあえる。

根みつばの
エスニックサラダ

材料（2人分）
根みつば … 1束
A ┌ ナンプラー … 小さじ2
  │ レモンの絞り汁 … 小さじ2
  └ しょうゆ … 小さじ1

❶ 根みつばはサッとゆでて冷水にとり、水けを絞って4㎝長さに切る。
❷ ボウルにAをよく混ぜ合わせ、①をあえる。

みつばとささ身の和風サラダ

材料（2人分）
みつば … 1束
紫玉ねぎ … 1/4個
鶏ささ身 … 1本
A ┌ 酒 … 小さじ1
  └ 塩・こしょう … 各適量
B ┌ しょうゆ … 大さじ1
  │ かぼすの絞り汁 … 小さじ1
  └ 練りわさび … 少々

❶ みつばは3㎝長さに切り、紫玉ねぎは薄切りにする。
❷ ささ身を耐熱皿にのせてAをふり、ラップをかぶせて電子レンジ（600W）で1分30秒加熱する。粗熱がとれたら細かくほぐす。
❸ ②の蒸し汁とBを合わせてよく混ぜ、①、②をあえる。

> ハーブ

みょうがの梅酢漬け

材料（2人分）
みょうが … 8個
A ┌ 湯 … 大さじ1
　├ 砂糖 … 大さじ1
　└ 梅酢 … 大さじ2

❶ みょうがは縦半分に切る。
❷ ボウルにAをよく混ぜ合わせ、砂糖を溶かす。①を漬けて半日以上置く。

みょうがと鶏肉のサラダ

材料（2人分）
みょうが … 1個
鶏胸肉 … 1枚
A ┌ 長ねぎの青い部分 … 少々
　├ しょうがの皮 … 少々
　└ 赤唐辛子 … 1本
B ┌ 酢 … 大さじ1/2
　├ しょうゆ … 大さじ1/2
　└ ごま油 … 小さじ1

❶ みょうがは薄切りにする。
❷ 鍋に水を沸騰させ、鶏肉とAを入れて5分ほどゆでる。火を止めてそのままさまし、細かくほぐす。
❸ ボウルにBをよく混ぜ合わせ、①、②をあえる。

ひじきのごまマヨサラダ

材料（2人分）
ひじき（乾燥）… 15g
砂糖 … ひとつまみ
A [マヨネーズ … 大さじ1と1/2
　　しょうゆ … 大さじ1/2
　　白いりごま … 大さじ1/2]

❶ 多めの熱湯に砂糖を混ぜ、ひじきを加える。ふたをして10分置き、水けをきる。

❷ ボウルにAをよく混ぜ合わせ、①をあえる。

ひじきの煮もの

材料（2人分）
ひじき（乾燥）… 15g
にんじん … 1/6本
厚揚げ … 1/2枚
A [だし汁 … 2/3カップ
　　砂糖 … 大さじ2と1/2
　　みりん … 大さじ1
　　しょうゆ … 大さじ1と1/2]
サラダ油 … 大さじ2

❶ ひじきは水で30分戻してから30秒ほどゆで、ざるに上げる。

❷ にんじんは5cm長さの太めのせん切りにし、厚揚げは縦半分に切ってから、1cm厚さに切る。

❸ フライパンにサラダ油を熱してにんじんを炒め、ひじきと厚揚げも加えてざっと炒め合わせる。Aを加えて煮汁が少なくなるまで中火で煮る。

ひじき

ピーマン／パプリカ

ピーマンのマリネ

材料（2人分）
赤・黄ピーマン … 各1個
A ┌ 白ワインビネガー … 大さじ1
　├ 塩・こしょう … 各少々
　├ にんにくのすりおろし … 少々
　└ オリーブ油 … 大さじ2
パセリのみじん切り … 適量

❶ ピーマンは焼き網で皮が黒く焦げるまで焼く。粗熱がとれたら皮をむき、種を除いて食べやすい大きさに切る。

❷ ボウルにAをよく混ぜ合わせて①を加え、30分ほど漬ける。器に盛り、パセリをふる。

パプリカの昆布サラダ

材料（2人分）
黄パプリカ … 2個
塩昆布 … 大さじ2

❶ パプリカは縦半分に切り、ヘタと種をとって5mm幅に切る。

❷ ①を耐熱皿に並べてラップをかぶせ、電子レンジ（600W）で50秒ほど加熱する。汁けをきって塩昆布とあえ、しばらく味をなじませる。

パプリカのピクルス

材料（2人分）
黄パプリカ … 1個
A [白ワインビネガー … 大さじ2
　　 水 … 大さじ2
　　 砂糖 … 大さじ1/2
　　 塩 … 小さじ2/3
　　 粗く割った黒粒こしょう … 3粒分]

❶ パプリカはヘタと種をとり、食べやすい大きさに切って保存容器に入れる。

❷ 小鍋にAを入れて煮立て、①に注ぎ入れてそのままさます。

パプリカとマンゴーのジュース

材料（2人分）
黄パプリカ … 1/2個
マンゴー … 1/2個
水 … 3/4カップ

❶ パプリカはヘタと種をとり、小さく切る。マンゴーは皮をむいて、ざく切りにする。

❷ ミキサーに①と水を入れて、なめらかになるまでかくはんする。

焼きピーマンじゃこサラダ

材料（2人分）
ピーマン … 2〜3個
ちりめんじゃこ … 15g
A [砂糖 … 小さじ1/2
　　 ポン酢じょうゆ … 小さじ1]
白いりごま … 適量
サラダ油 … 大さじ2

❶ ピーマンはヘタと種をとり、5mm幅に切る。

❷ フライパンにサラダ油を熱してちりめんじゃこを炒め、ピーマンを炒め合わせる。しんなりしたらAを順に加えて味をからめ、器に盛っていりごまをふる。

ピーマン/パプリカ

ピーマンとあじのマリネサラダ

材料（2人分）
ピーマン … 2個
あじ（刺身用・三枚おろし）… 2尾分
塩・酢 … 各適量
玉ねぎ … 1/4個
A
　塩・こしょう … 各少々
　白ワインビネガー … 1/2カップ
　砂糖 … 大さじ1
　にんにくの薄切り … 1片分
　オリーブ油 … 1/4カップ
タイム・ローズマリー … 各少々

❶ あじは皮をむいて一口大のそぎ切りにし、多めに塩をふって10分ほど置き、酢で洗う。

❷ ピーマンは薄い輪切りにする。玉ねぎは薄切りにして水に放し、水けをきる。

❸ バットに①、②を並べて、よく混ぜ合わせたAをまわしかける。タイムとローズマリーをちぎって加え、しばらく味をなじませる。

ブロッコリーとヤングコーンのサラダ

材料（2人分）
ブロッコリー … 1/2株
ヤングコーンの水煮 … 4本
粉チーズ … 大さじ1
塩・こしょう … 各少々

❶ ブロッコリーは小房に分け、塩ゆでする。ヤングコーンは斜め3つに切って、サッと熱湯に通す。

❷ ①が熱いうちに、粉チーズ、塩、こしょうをふって軽く混ぜる。

ブロッコリーのさんしょうじょうゆあえ

材料（2人分）
ブロッコリー … 1/2株
A ［ サラダ油 … 大さじ1/2
　 塩 … 小さじ1/4
　 砂糖 … 少々 ］
B ［ 酢 … 大さじ1/2
　 しょうゆ … 大さじ1/2
　 水 … 大さじ1/4
　 粉ざんしょう … 小さじ1/8
　 砂糖 … 少々
　 ごま油・ラー油 … 各少々 ］

❶ ブロッコリーは小房に分け、茎は皮をむいて1cm厚さの輪切りにする。

❷ 熱湯に**A**を加えて①をゆで、水けをきる。これをよく混ぜ合わせた**B**であえる。

ブロッコリー

ブロッコリーの白あえサラダ

材料（2人分）
ブロッコリー … 1/2株
りんご … 1/8個
木綿豆腐 … 1/2丁
A ┌ 砂糖 … 大さじ2/3
　├ 薄口しょうゆ … 大さじ1
　└ 白練りごま … 大さじ1/2
ホールコーン（冷凍）… 40g
枝豆（冷凍・さやつき）… 100g

❶ ブロッコリーは小房に分け、塩ゆでする。りんごは皮ごと薄いいちょう切りにして塩水につけ、水けをきる。

❷ 豆腐はふきんに包み、水けを絞ってAとよく混ぜ合わせる。ホールコーンと枝豆は熱湯に通し、枝豆はさやから豆を出す。ともに水けをきって豆腐ごろもと混ぜる。

❸ 器にブロッコリーを盛って②をのせ、りんごを飾る。

ブロッコリーとじゃがいものディップ風

材料（2人分）
ブロッコリー … 1/2株
じゃがいも … 1個
A ┌ 粉チーズ … 大さじ1
　└ 塩・こしょう … 各少々
クラッカー … 適量

❶ ブロッコリーは小房に分け、茎は薄切りにする。じゃがいもは6等分に切る。それぞれ十分にやわらかくゆで、水けをきる。

❷ ボウルにAをよく混ぜ合わせ、①を加えてつぶしながら混ぜる。器に盛り、クラッカーを添える。

ほうれんそうと
ベーコンのサラダ

材料（2人分）
サラダ用ほうれんそう … 1/2束
ベーコン … 2枚
くるみ … 10g
A
　白ワインビネガー … 大さじ1/2
　塩・こしょう … 各少々
　マスタード … 小さじ1/4
　玉ねぎのすりおろし … 大さじ1/2
　にんにくのすりおろし … 1/3片分
　オリーブ油 … 大さじ1と1/2

❶ ほうれんそうは洗って水けをきり、根元を切り落とす。ベーコンは1cm幅に切る。くるみはフライパンでカラいりし、さめたら細かく砕く。

❷ 器にほうれんそう、くるみを盛り、カリカリに炒めたベーコンを熱いうちにのせて、よく混ぜ合わせたAをかける。

> ほうれんそう

ほうれんそうのわさびあえ

材料（2人分）
ほうれんそう … 1束
A
　練りわさび … 小さじ1/4
　しょうゆ … 大さじ1
　酢 … 大さじ1
　サラダ油 … 大さじ1
削り節 … 3g

❶ ほうれんそうは洗って塩ゆでし、冷水にとって水けを絞り、4cm長さに切る。

❷ Aをよく混ぜ合わせて①をあえ、削り節も加えて混ぜる。

ほうれんそう

ほうれんそうのおひたし

材料（2人分）
ほうれんそう … 1束
しょうゆ … 小さじ1/2〜1
A ┌ だし汁 … 1/2カップ
　│ しょうゆ … 大さじ2/3
　└ みりん … 大さじ2/3
削り節 … 3g

❶ ほうれんそうは洗って塩ゆでし、冷水にとって水けを絞る。しょうゆをかけて軽く絞り、5cm長さに切ってバットにのせる。

❷ 鍋にAを入れてひと煮立ちさせ、①にかけて味を含ませる。器に盛り、削り節をのせる。

サラダが
おいしくなる
MEMO

塩ゆでして色鮮やかに

ほうれんそうを生で食べると口の中がキシキシする感じがありますが、それは「蓚酸（しゅうさん）」といわれる成分で、アクの正体。ゆでて取り去るのが鉄則です。ゆでるときは塩少々を加えると、野菜の酸化作用が抑えられて変色が防げるため、緑色が鮮やかにゆで上がります。小松菜やブロッコリー、チンゲンサイなども同様で、沸騰した湯に加えてシャキッとゆで上げましょう。

ほうれんそうの マヨサラダ

材料（2人分）
サラダ用ほうれんそう … 1/2束
マヨネーズ … 大さじ1
塩・こしょう … 各少々

❶ ほうれんそうは洗って3cm長さに切り、マヨネーズ、塩、こしょうであえる。

ほうれんそうの のりあえ

材料（2人分）
サラダ用ほうれんそう … 1/2束
しょうゆ … 小さじ1
焼きのり … 全形1/2枚
ごま油 … 小さじ1/4
ポン酢じょうゆ … 適量

❶ ほうれんそうは洗って4cm長さに切り、しょうゆをふってもみ、しんなりしたら汁けを絞る。
❷ ①とちぎった焼きのり、ごま油を混ぜ、ポン酢じょうゆをかける。

ほうれんそうの くたくた蒸し

材料（2人分）
ほうれんそう … 1/2束
にんにく … 1/2片
塩 … 少々
オリーブ油 … 小さじ1/2

❶ ほうれんそうは洗って長さを半分に切り、にんにくは包丁の腹で押しつぶす。
❷ フライパンにオリーブ油を熱して①を入れ、ふたをして蒸し焼きにする。くたくたになったら塩をふる。

ほうれんそう炒め

材料（2人分）
ほうれんそう … 1/2束
塩・粗びき黒こしょう … 各少々
オリーブ油 … 大さじ1/2

❶ ほうれんそうは洗い、長さを3等分に切る。
❷ フライパンにオリーブ油を熱して①をサッと炒め、塩と粗びき黒こしょうで調味する。

豆

枝豆とうずら卵のサラダ

材料（2人分）
枝豆（さやつき）… 150g
うずら卵（水煮）… 4個
A ┌ 八角 … 1/2個
　│ しょうゆ … 小さじ2
　│ 砂糖 … 小さじ1
　└ だし汁 … 70mℓ

❶ 枝豆は塩ゆでし、さやから豆を出す。

❷ 小鍋にAを入れて煮立て、①とうずら卵を入れて落としぶたをし、弱火で8分ほど煮る。火を止めてそのままさます。

ミックスビーンズのオニオンビネガー

材料（2人分）
スナップえんどう … 10本
ミックスビーンズ（冷凍）… 200g
A ┌ 玉ねぎのみじん切り … 1/4個分
　│ 白ワインビネガー … 大さじ2
　│ オリーブ油 … 大さじ1
　│ 塩 … 小さじ2/3
　└ こしょう … 小さじ1/4

❶ スナップえんどうは筋をとって塩ゆでし、ミックスビーンズはサッとゆでる。ともに水けをよくきる。

❷ ボウルにAをよく混ぜ合わせ、①をあえて味をなじませる。

そら豆とサーモンのサラダ

材料（2人分）
そら豆 …（正味）100g
スモークサーモン … 4枚
A [バルサミコ酢 … 大さじ1/2
オリーブ油 … 大さじ1/2
しょうゆ … 少々
ケッパー … 大さじ1]

❶ そら豆はさやから出して塩ゆでし、薄皮をむく。スモークサーモンは一口大に切る。

❷ ボウルにAをよく混ぜ合わせ、①をあえる。

豆

ひよこ豆のサラダ

材料（2人分）
ひよこ豆（水煮）… 100g
さやいんげん … 10本
A ┌ プレーンヨーグルト（無糖）… 大さじ3
  │ レモンの絞り汁 … 小さじ1
  │ にんにくのすりおろし … 少々
  └ 塩・こしょう … 各少々
リーフレタス … 適量
粗びき黒こしょう … 少々

❶ ひよこ豆はざるに上げて汁けをきる。さやいんげんは塩ゆでし、1cm長さに切る。

❷ ボウルにAをよく混ぜ合わせ、①をあえる。器にリーフレタスを敷いて盛り、粗びき黒こしょうをふる。

スナップえんどうのマヨネーズソース

材料（2人分）
スナップえんどう … 50g
A ┌ マヨネーズ … 大さじ1と1/2
  │ サワークリーム … 大さじ1と1/2
  │ 生クリーム … 大さじ1と1/2
  └ 塩・こしょう … 各少々

❶ スナップえんどうは筋をとって塩ゆでし、水けをきって器に盛る。よく混ぜ合わせたAをかける。

水菜とツナのサラダ

水菜

材料（2人分）
水菜 … 1/4束
塩 … 小さじ1/6
ツナ缶 … 小1/2缶
しょうゆ … 大さじ1/2
みりん … 大さじ1/2

❶ 水菜は5cm長さに切り、冷水につけてパリッとさせ、水けをきる。

❷ ボウルに①と塩を入れ、しんなりするまで軽く混ぜる。ここにツナを缶汁ごと加え、しょうゆとみりんで調味する。

水菜とパプリカのシーザーサラダ

材料（2人分）
水菜 … 1/2束
黄パプリカ … 1/2個
粉チーズ … 大さじ1
シリアル … 大さじ1
A ┌ オリーブ油・白ワインビネガー
　　… 各大さじ1/2
　└ 塩・こしょう・にんにくのすりおろし
　　… 各少々

❶ 水菜は4cm長さに切り、パプリカは1cm角に切る。

❷ ①をよく混ぜ合わせたAであえて、粉チーズとシリアルをふる。

もやし

もやしのわさび
マヨネーズ

材料（2人分）
もやし … 1/2袋
塩 … 少々
薄切りハム … 1枚
A [牛乳 … 大さじ1と1/3
マヨネーズ … 小さじ1
練りわさび … 少々
塩 … 少々
薄口しょうゆ … 少々]

❶ もやしはサッとゆでてざるに上げ、塩をふってそのまますます。

❷ ハムは細切りにし、①と混ぜて器に盛る。Aをよく混ぜ合わせてかける。

豆つきもやしと
桜えびのねぎ油

材料（2人分）
大豆もやし … 1袋
桜えび … 7g
A [ねぎ油 … 大さじ1
塩 … 小さじ1/2
こしょう … 少々]

❶ 大豆もやしはサッとゆでてざるに上げる。

❷ フライパンに桜えびを入れ、カリカリにカラいりする。

❸ ボウルに①とAを入れてざっとあえ、②を加えて混ぜる。

もやしのXOジャンあえ

材料（2人分）
もやし … 1/2袋
A [酢 … 大さじ1/4
ごま油 … 大さじ1/2
XOジャン … 大さじ1/2
塩・こしょう … 各少々]

❶ もやしはサッとゆでてざるに上げる。
❷ 水けを絞り、よく混ぜ合わせたAであえる。

もやしのポン酢じょうゆ炒め

材料（2人分）
もやし … 1/2袋
ポン酢じょうゆ … 大さじ1～2
水溶き片栗粉 … 大さじ1/2
万能ねぎの小口切り … 2本分
ごま油 … 大さじ1/2

❶ もやしはサッとゆでてざるに上げる。
❷ フライパンにごま油を熱して①を炒め、油がまわったらポン酢じょうゆを加えて、水溶き片栗粉で全体をまとめる。器に盛って、万能ねぎを散らす。

レタス

ポーチドエッグのせレタスサラダ

材料（2人分）
レタス … 4枚
クレソン … 1/4束
コンビーフ缶 … 1/2缶（50g）
卵（室温に戻す）… 2個
A ┌ 水 … 1と1/2カップ
  └ 酢 … 大さじ1/2
B ┌ 白ワインビネガー … 大さじ2
  │ 塩・粗びき黒こしょう … 各少々
  └ オリーブ油 … 大さじ1
粉チーズ … 大さじ2

❶ レタスとクレソンは冷水につけてパリッとさせ、水けをきって一口大にちぎる。

❷ フライパンを熱して、油をひかずにコンビーフをくずしながら炒める。

❸ 鍋にAを煮立てて弱火にし、器に卵を1個ずつ割り入れてそっと加え、1分30秒ほどゆでる。冷水にとって水けをきる。

❹ 器に①、②を盛り、③をのせる。Bを順にかけて粉チーズをふる。

中華風レタスのサラダ

材料（2人分）
レタス … 1/2個
しょうが … 1/2かけ
長ねぎの白い部分 … 1/4本分
A ┌ しょうゆ … 大さじ1/2
  └ こしょう・ごま油 … 各少々
サラダ油 … 大さじ1

❶ レタスは食べやすくちぎる。熱湯に塩・油各少々（分量外）を加えてサッとゆで、水けをきって器に盛る。

❷ しょうがはせん切りにする。長ねぎはせん切りにして水にさらし、水けをきる。

❸ ①にAをかけてしょうがを散らし、長ねぎをのせる。最後に熱したサラダ油をまわしかける。

あさりレタス炒め

材料（2人分）
レタス … 1/4個
あさり（殻つき）… 250g
赤唐辛子（種を除く）… 1/2本
酒 … 1/4カップ
サラダ油 … 大さじ1

❶ レタスは食べやすくちぎり、あさりは殻同士をこすり合わせてよく洗う。赤唐辛子は小口切りにする。

❷ フライパンにサラダ油を熱してあさりと酒を入れ、ふたをして蒸し煮にする。殻が開いたら、レタスと赤唐辛子を加えてサッと炒め合わせる。

レタスジュース

材料（2人分）
レタス … 4枚
パイナップルの輪切り（缶詰）
　… 2枚
水 … 1と1/2カップ

❶ レタスとパイナップルはざっと切り、ミキサーに水とともに加えて、なめらかになるまでかくはんする。

サラダが
おいしくなる
MEMO

レタスは水にさらしてシャキッと

新鮮さが決め手のサラダは、野菜のシャキッとした食感とみずみずしさが命。レタスなどの葉もの野菜は、水にさらして10分ほど置くとパリッ！　とみずみずしさが甦ります。忘れてならないのが、味つけのタイミング。早くからドレッシングなどであえてしまうと野菜がしんなりして、せっかくの新鮮さが台なしに。必ず食べる直線にあえて、フレッシュなおいしさを味わって。

れんこん

れんこんとえびの ヨーグルトあえ

材料（2人分）
れんこん … 小1節
むきえび … 12尾
酒 … 少々
A ┌ マヨネーズ … 大さじ3
　├ プレーンヨーグルト（無糖）
　│　　… 大さじ2
　└ 塩・こしょう … 各少々
リーフレタス … 適量

❶ れんこんは小さめの乱切りにし、透き通るまで塩ゆでする。えびは背ワタをとり、酒を加えた熱湯でゆでる。それぞれ水けをきる。

❷ ボウルにAをよく混ぜ合わせ、①をあえてリーフレタスを敷いた器に盛る。

れんこんの カレー風味漬け

材料（2人分）
れんこん … 15cm
酢 … 少々
A ┌ 塩 … 小さじ1/2
　├ カレー粉 … 小さじ1と1/2
　└ 酢 … 大さじ2
フライドオニオン（市販品）
　… 大さじ3

❶ れんこんは一口大の乱切りにし、酢水にさらす。サッとゆでて水けをきる。

❷ ①が熱いうちにボウルに移し、Aを加えて混ぜ合わせる。30分ほど味をなじませ、フライドオニオンを加えてざっと混ぜる。

根菜とカリカリちりめんの甘酢漬け

材料（2人分）
れんこん … 10cm
酢 … 少々
さつまいも … 1/2本
A [酢 … 大さじ1
　　砂糖 … 大さじ1
　　塩 … 小さじ1/3]
ちりめんじゃこ … 30g
B [バルサミコ酢 … 小さじ1
　　しょうゆ … 大さじ1]
ごま油 … 大さじ1

❶ れんこんは5mm厚さの輪切りにし、酢水にさらす。さつまいもはよく洗い、皮つきのまま一口大に切って水にさらす。

❷ ①を堅めにゆでてざるに上げ、熱いうちに**A**と混ぜ合わせる。

❸ フライパンを熱してごま油、ちりめんじゃこを入れてカリカリになるまで炒め、**B**を加えて汁けがなくなるまでいる。②と混ぜて30分ほど味をなじませる。

れんこんと油揚げのパリパリサラダ

材料（2人分）
れんこん … 小1/2節
油揚げ … 1枚
干ししいたけ … 2枚
ラディッシュ・貝割れ … 各少々
好みのドレッシング … 適量
揚げ油 … 適量

❶ れんこんは薄い半月切りにし、水にさらす。油揚げは熱湯をまわしかけ、食べやすく切る。干ししいたけは水で戻して軸をとり、薄切りにする。それぞれ水けをきる。

❷ ラディッシュは薄い輪切りにし、貝割れは根元を切り落とす。

❸ 鍋に油を160度に熱し、しいたけ、れんこん、油揚げの順に揚げる。器に盛って②を散らし、ドレッシングをかける。

わかめ

わかめときゅうりの酢のもの

材料（2人分）
わかめ（乾燥）… 5g
きゅうり … 1/2本
A ┌ 水 … 1/2カップ
　└ 塩 … 小さじ1/2
みょうが … 1個
しょうが … 1/2かけ
B ┌ かつおだし汁 … 1/4カップ
　│ 酢 … 大さじ1と2/3
　│ 砂糖 … 小さじ2
　│ しょうゆ … 大さじ1
　└ 塩 … 少々

❶ きゅうりは斜め薄切りにし、Aに4～5分つける。しんなりしたらサッと洗って水けを絞る。

❷ わかめは水で戻して一口大に切り、30秒ほどゆでる。すぐ冷水にとって水けを絞る。みょうがは薄切りにし、しょうがはすりおろす。

❸ 鍋にBを入れて中火にかけ、ひと煮立ちさせて完全にさます。

❹ ボウルに①、わかめ、みょうがを合わせ、③を加えて混ぜる。器に盛り、しょうがをのせる。

わかめのバター炒め

材料（2人分）
わかめ（戻したもの）… 50g
にんにくのみじん切り … 1/2片分
A ┌ 塩・こしょう … 各少々
  └ しょうゆ … 小さじ1/2
バター … 大さじ1

❶ わかめは水けを絞り、食べやすく切る。
❷ フライパンにバターとにんにくを入れて炒め、香りが出たら①をサッと炒め合わせ、Aで調味する。

わかめとヤングコーンの酢みそドレッシング

材料（2人分）
わかめ（生）… 20g
ヤングコーン（水煮）… 6本
A ┌ 白みそ … 大さじ1
  │ 酢 … 小さじ2
  └ 砂糖 … 小さじ1/2

❶ わかめは熱湯にサッと通し、ざく切りにする。ヤングコーンは食べやすい大きさに切る。器に盛り、よく混ぜ合わせたAをかける。

サラダがもっとおいしくなる
ドレッシング

野菜いっぱいのヘルシーなサラダが、
よりおいしく、モリモリ食べられるドレッシングをご紹介します。
和風、中華、フレンチ…。いろんな味を知っていれば、
どんな材料のサラダにもマッチして、毎日飽きずに食べられます。

和風ゆず風味ドレッシング

材料（作りやすい分量）
しょうゆ … 大さじ4
酢 … 大さじ1
ゆずの絞り汁 … 大さじ1
サラダ油 … 小さじ2
ゆずの皮のすりおろし … 1/4個分

❶ すべての材料をよく混ぜ合わせる。

エスニックドレッシング

材料（作りやすい分量）
ナンプラー … 1/4カップ
レモンの絞り汁 … 大さじ4
サラダ油 … 大さじ2
赤唐辛子の小口切り … 少々
砂糖 … 大さじ1/2
にんにくのすりおろし … 小さじ1/2
塩 … 小さじ1/2

❶ すべての材料をよく混ぜ合わせる。

ブルーチーズドレッシング

材料（作りやすい分量）
ブルーチーズ … 50g
牛乳 … 大さじ2

❶ ブルーチーズは耐熱容器に入れてラップ
　をかぶせ、電子レンジ（600W）で10秒加
　熱して、なめらかになるまで混ぜる。

❷ ①に牛乳を少しずつ加えて溶きのばす。

梅ドレッシング

材料（作りやすい分量）
梅干し … 3個
しょうゆ … 小さじ2
酢 … 大さじ1
だし汁 … 大さじ3
みりん … 大さじ2
ごま油 … 大さじ1

❶ 梅干しは種を取り除き、果肉を包丁でよく
　たたいてペースト状にする。

❷ すべての材料をよく混ぜ合わせる。

マヨネーズ

材料（作りやすい分量）
卵黄 … 1個分
マスタード … 小さじ2
塩 … 小さじ1/2
こしょう … 少々
酢 … 大さじ1
サラダ油 … 160㎖

❶ 卵黄にマスタードと塩、こしょうを加えて
　よく混ぜ、酢を2回に分けて加え混ぜる。

❷ ①にサラダ油を少しずつ加えながらよく
　混ぜ、クリーム状に乳化させる。

中華ドレッシング

材料（作りやすい分量）
しょうゆ … 大さじ4
酢 … 大さじ3
ごま油 … 大さじ3
トウバンジャン … 小さじ1/2
長ねぎのみじん切り … 小さじ2
白いりごま … 小さじ2
しょうがのすりおろし … 小さじ1/2

❶ すべての材料をよく混ぜ合わせる。

フレンチドレッシング

材料（作りやすい分量）
サラダ油 … 1/2カップ
白ワインビネガー … 大さじ4
塩 … 小さじ1
こしょう … 少々

❶ 白ワインビネガーに塩とこしょうを加えて
　混ぜ、サラダ油を少しずつ加えながら全
　体が白っぽく乳化するまでよく混ぜる。

保存期間

清潔な容器に入れて冷蔵室で保
存。3〜4日で使いきりましょう。

野菜で作る さっぱりドレッシング

長ねぎ
ドレッシング

材料（作りやすい分量）
長ねぎの粗みじん切り
　… 10cm分
しょうゆ・酢 … 各大さじ2
サラダ油 … 大さじ3
白すりごま … 小さじ1/2
❶ すべての材料を瓶に入れて
　よくふる。

にんじん
ドレッシング

材料（作りやすい分量）
にんじん … 30g
酢 … 大さじ1
砂糖 … 小さじ1/2
オリーブ油 … 大さじ2
塩 … 小さじ1/3
❶ にんじんはすりおろし、残り
　の材料とよく混ぜ合わせる。

長いもわさび
ドレッシング

材料（作りやすい分量）
長いも … 50g
練りわさび … 小さじ1/2
薄口しょうゆ … 大さじ2
酢 … 大さじ2
サラダ油 … 大さじ3
❶ 長いもは3mm角に切り、残り
　の材料とよく混ぜ合わせる。

大根おろし
ドレッシング

材料（作りやすい分量）
大根 … 40g
しょうゆ … 大さじ1
酢 … 大さじ1
サラダ油 … 大さじ1/2
ゆずこしょう … 小さじ1/2
❶ 大根はすりおろして軽く水
　けを絞り、残りの材料とと
　もに瓶に入れてよく混ぜる。

トマトドレッシング

材料（作りやすい分量）
トマト … 小1/2個
酢 … 大さじ2
オリーブ油 … 大さじ2
タバスコ … 小さじ1/3
塩 … 小さじ1/3
こしょう … 少々
❶ トマトは5mm角に切り、残
　りの材料とともに瓶に入
　れて、よくふる。ひと晩
　置くと、味がよくなじむ。

ノンオイル
薬味ドレッシング

材料（作りやすい分量）
青じそのせん切り … 1枚分
みょうがのみじん切り … 小さじ2
しょうがのみじん切り … 小さじ1
しょうゆ … 大さじ1と1/2
ゆずの絞り汁 … 大さじ1/2
酢 … 大さじ1/2
だし汁 … 小さじ1
❶ すべての材料をよく混ぜ合
　わせる。

バジルドレッシング

材料（作りやすい分量）
バジルの葉 … 60g
松の実 … 40g
にんにく … 2/3片
粉チーズ … 小さじ2
塩 … 小さじ2/3
オリーブ油 … 1/2カップ
❶ オリーブ油以外の材料を
　フードプロセッサーに入
　れ、ペースト状になるま
　でかくはんする。
❷ ①へオリーブ油を少しず
　つ加えながら、よく混ぜる。

にらドレッシング

材料（作りやすい分量）
にらのみじん切り … 40g
ごま油 … 大さじ2
しょうゆ … 大さじ2
酢 … 大さじ2
砂糖 … 大さじ1
白いりごま … 大さじ1
❶ 小鍋にごま油を入れて熱
　し、すべての材料とよく混
　ぜ合わせる。

玉ねぎドレッシング

材料（作りやすい分量）
玉ねぎのみじん切り … 1/6個分
酢 … 大さじ2
サラダ油 … 大さじ3
砂糖 … 小さじ1/2
塩 … 小さじ1
しょうゆ … 小さじ1
❶ 瓶にすべての材料を入れ
　て、よくふる。ひと晩置く
　と、味がよくなじむ。

マヨネーズで作る クリーミードレッシング

ごまミルク
マヨネーズ

材料（作りやすい分量）
マヨネーズ … 大さじ2
黒練りごま … 小さじ1
エバミルク … 小さじ1/2

❶ すべての材料をよく混ぜ
　合わせる。

のりわさび
マヨネーズ

材料（作りやすい分量）
マヨネーズ … 大さじ2
のりの佃煮 … 小さじ1
練りわさび … 少々

❶ すべての材料をよく混ぜ
　合わせる。

明太レモン
マヨネーズ

材料（作りやすい分量）
マヨネーズ … 大さじ2
明太子 … 5g
レモンの皮のすりおろし … 少々

❶ すべての材料をよく混ぜ
　合わせる。

中華マヨネーズ

材料（作りやすい分量）
マヨネーズ … 大さじ2
しょうがのすりおろし
　… 小さじ1/2
にんにくのすりおろし
　… 小さじ1/4
トウバンジャン … 小さじ1/4

❶ すべての材料をよく混ぜ
　合わせる。

トマトの
オーロラソース

材料（作りやすい分量）
マヨネーズ … 大さじ2
トマトのみじん切り
　… 大さじ1
トマトケチャップ … 大さじ1
タバスコ … 少々

❶ すべての材料をよく混ぜ
　合わせる。

かつおみそ
マヨネーズ

材料（作りやすい分量）
マヨネーズ … 大さじ2
削り節(指ですりつぶす)
　… 0.5g
みそ … 小さじ1
牛乳 … 大さじ1/2

❶ すべての材料をよく混ぜ
　合わせる。

パセリマヨネーズ

材料（作りやすい分量）
マヨネーズ … 大さじ2
パセリのみじん切り
　… 小さじ2
レモンの絞り汁 … 小さじ1/2
生クリーム … 小さじ1

❶ すべての材料をよく混ぜ
　合わせる。

カレーセロリ
マヨネーズ

材料（作りやすい分量）
マヨネーズ … 大さじ2
セロリの葉のみじん切り
　… 2枚分
カレー粉 … 小さじ1/4

❶ すべての材料をよく混ぜ
　合わせる。

タルタルソース

材料（作りやすい分量）
マヨネーズ … … 大さじ3
ゆで卵の黄身 … 1/2個分
ゆで卵の白身のみじん切り
　… 1/2個分
ピクルスのみじん切り
　… 大さじ1
玉ねぎのみじん切り
　… 大さじ1
塩・こしょう … 各少々

❶ すべての材料をよく混ぜ
　合わせる。

主菜
サラダ

肉や魚をプラスして、メインのおかずになる
ボリューム満点の主菜サラダ。
野菜もたくさん食べられて、
白いごはんもどんどん進んでしまう、
とびきりのメニューばかりをそろえました。

グリルドチキンサラダ

材料（2人分）

鶏胸肉 … 1枚
塩・こしょう … 各少々
スナップえんどう … 4本
グリーンリーフ … 2〜3枚
春菊 … 2本
黄ピーマン … 1/8個
プチトマト … 4個
A [酢 … 大さじ1と1/2
　　しょうゆ … 大さじ1/2
　　みりん … 大さじ1/2
　　ごま油 … 大さじ1/2
　　コチュジャン … 小さじ1/2
　　塩・粗びき黒こしょう … 各少々]

① スナップえんどうは筋をとって塩ゆでする。グリーンリーフは冷水につけて水けをきり、食べやすくちぎる。春菊は葉先を摘み、黄ピーマンは薄切りに、プチトマトは縦4つに切る。

② 鶏肉は厚みを均一にして塩、こしょうをふり、グリルで皮目から焼く。焼き色がついたら裏返して中まで火を通し、一口大に切る。

③ 器に①、②を盛り、よく混ぜ合わせたAをかける。

鶏肉

鶏肉

サンチュの蒸し鶏巻き

材料（6個分）
鶏胸肉 … 1/2枚
A［酒 … 大さじ1/2
　塩・こしょう … 各少々］
サンチュ … 6枚
万能ねぎ … 6本
そばの新芽（または貝割れ） … 1/2パック
スイートチリソース … 適量

❶ 鶏肉は斜めに切り目を入れ、耐熱皿にのせてAをふる。ラップをかぶせて電子レンジ（600W）で2分加熱し、鶏肉を裏返して2分加熱する。粗熱がとれたら、薄切りにする。

❷ サンチュは芯をスプーンの背でつぶしておく。万能ねぎはサッとゆでる。

❸ サンチュ1枚につき、鶏肉とそばの新芽を1/6量ずつのせて巻き、万能ねぎでしばる。器に盛ってチリソースを添える。

ささ身のクリーミーサラダ

材料（2人分）
鶏ささ身 … 2本
A［塩 … 小さじ1/4
　酒 … 大さじ1］
きゅうり … 1本
塩 … 少々
りんご … 1/4個
B［マヨネーズ … 1/4カップ
　生クリーム … 大さじ2］

❶ ささ身は耐熱皿にのせてAをふり、ラップをかぶせて電子レンジ（600W）で約4分加熱する。粗熱がとれたら筋をとってほぐす。

❷ きゅうりは薄い輪切りにして塩をふり、しんなりしたら水けを絞る。りんごは皮つきのまま薄いいちょう切りにする。

❸ ①、②を合わせて器に盛り、よく混ぜ合わせたBをかける。

鶏肉とじゃがいものホットサラダ

材料（2人分）
鶏もも肉 … 1枚
A ┃ 塩 … 小さじ1/3
　┃ こしょう … 少々
　┃ レモンの絞り汁 … 少々
じゃがいも … 小2個
グリーンアスパラ … 1/2束
にんにくの薄切り … 1片分
パセリのみじん切り … 大さじ1
B ┃ 酢 … 大さじ1
　┃ 塩 … 小さじ1/4
　┃ こしょう … 少々
サラダ油 … 大さじ2

❶ 鶏肉は一口大に切ってAをまぶす。じゃがいもは8mm厚さの半月切りにし、水にさらす。グリーンアスパラは塩ゆでして冷水にとり、水けをきって3〜4cm長さに切る。

❷ フライパンにサラダ油とにんにくを入れて弱火にかけ、香りが出たら火を止めてにんにくを取り出す。再びフライパンを熱してじゃがいもの両面をこんがり焼き、中まで火が通ったら取り出す。

❸ 続いて鶏肉の両面をこんがり焼いてふたをし、3分ほど蒸し焼きにする。②を戻し入れ、グリーンアスパラ、パセリを加えて炒め合わせ、Bで調味する。

> 鶏肉

ピリ辛照り焼きチキンサラダ

材料（2人分）
鶏胸肉 … 1枚
長ねぎ … 4cm
にんじん … 1/4本
黄パプリカ … 1個
サンチュ … 8枚
A ┌ 砂糖・しょうゆ・酒 … 各大さじ1と1/2
  └ トウバンジャン … 小さじ1/2
白いりごま … 小さじ1
サラダ油 … 少々

❶ 鶏肉は2cm角に切る。長ねぎはせん切りにして水にさらし、水けをきる。にんじん、黄パプリカはせん切りに、サンチュは細切りにする。
❷ 鍋にサラダ油を熱して鶏肉を焼き、焼き色がついたらAを加えてからめる。
❸ 器にサンチュ、にんじん、黄パプリカを盛り、肉を焼き汁ごとのせる。いりごまをふり、長ねぎをのせる。

鶏から揚げの香味野菜マリネ

材料（2人分）
鶏もも肉 … 1枚
塩 … 少々
小麦粉 … 適量
A ┌ しょうゆ・みりん … 各1/4カップ
  │ 酢・水 … 各1/2カップ
  │ 赤唐辛子（種を除く）… 1本
  └ にんにくの薄切り … 1片分
セロリ … 1/2本
長ねぎ … 1/2本
にんじん … 1/4本
揚げ油 … 適量

❶ 鍋にAを入れてひと煮立ちさせ、マリネ液を作る。
❷ セロリ、長ねぎ、にんじんはせん切りにし、水にさらして水けをきる。
❸ 鶏肉は一口大に切って塩をふり、小麦粉をまぶす。170度に熱した油でカラッと揚げ、熱いうちに①につける。②も加えて混ぜ合わせ、15分ほど味をなじませる。

豚肉

豚のから揚げと春菊のサラダ

材料（2人分）
豚もも薄切り肉 … 100g
塩・こしょう … 各少々
片栗粉 … 大さじ2
春菊 … 1/2束
長ねぎ … 1/2本
赤ピーマン … 1/2個
にんにくの薄切り … 1/2片分
A ┌ 塩・こしょう … 各少々
　│ しょうゆ … 小さじ1
　│ レモンの絞り汁 … 大さじ1
　└ サラダ油 … 大さじ1と1/2
揚げ油 … 適量

❶ 豚肉は長さを半分に切って塩とこしょうをふり、片栗粉をまぶす。

❷ 春菊は葉先を摘み、長ねぎは縦半分に切って5mm幅の斜め切りにし、ともに冷水にさらす。赤ピーマンは薄い輪切りにする。

❸ 鍋に油を160度に熱し、にんにくをこんがり揚げて取り出す。温度を170度に上げ、①をカリッと揚げる。

❹ ②、③をざっと混ぜて器に盛り、よく混ぜ合わせたAをかける。

豚しゃぶの青菜包み

材料（2人分）
豚ロース薄切り肉 … 200g
A ┌ 長ねぎの青い部分 … 少々
　└ しょうがの皮 … 少々
干ししいたけ … 2枚
メンマ … 30g
長ねぎ … 1本
B ┌ 赤みそ … 大さじ1と1/2
　│ 砂糖 … 大さじ1と1/2
　│ 焼き肉のたれ … 大さじ1と1/2
　└ ごま油 … 小さじ1/2
サンチュ … 10枚
サラダ油 … 大さじ1/2

❶ 豚肉はAを入れた熱湯でゆで、水けをきる。干ししいたけは水で戻し、メンマとともにみじん切りにする。

❷ 長ねぎは5cmをみじん切りにし、残りは5cm長さのせん切りにして水にさらし、水けをきる。

❸ 鍋にサラダ油を熱してみじん切りの長ねぎを炒め、豚肉以外の①を加えてさらに炒める。よく混ぜ合わせたBを加えて練るように炒め、ふつふつしてきたら火を止める（みそだれ）。

❹ 器に豚肉とサンチュ、せん切りにした長ねぎを盛り、みそだれを添える。サンチュに具とみそだれをのせ、包んで食べる。

141

豚肉

豚しゃぶごまサラダ

材料（2人分）
豚肉しゃぶしゃぶ用 … 100g
オクラ … 3本
もやし … 50g
サラダ用ほうれんそう … 1袋
みょうが … 1個
青じそ … 4枚
トマト … 1個
A
　白練りごま・白すりごま … 各大さじ1
　しょうゆ … 大さじ1
　しょうがのすりおろし … 小さじ1/2
　みりん … 大さじ1/2
　砂糖 … 小さじ1
　酢 … 小さじ1
　ごま油 … 小さじ1
すだち … 1個

❶ 豚肉はゆでて冷水にとり、水けをきる。

❷ オクラはヘタをとって塩ゆでし、縦半分に切る。もやしはサッとゆでて水けをきる。ほうれんそうはざく切りにし、みょうがと青じそはせん切りにする。

❸ トマトは縦半分に切って薄切りにし、器に丸く並べる。もやし、豚肉、ほうれんそう、オクラの順に盛り合わせ、みょうがと青じそをのせる。半分に切ったすだちを添え、よく混ぜ合わせたAをかける。

牛肉

ローストビーフのサラダ

材料（作りやすい分量）
牛ももかたまり肉 … 300g
A ┌ にんにくのすりおろし … 1片分
　│ タイム（乾燥）・塩 … 各小さじ1
　└ 黒こしょう … 小さじ1/2
赤ワイン … 1/4カップ
B ┌ 粒マスタード … 大さじ1
　└ 玉ねぎのみじん切り … 大さじ1
C ┌ オリーブ油 … 大さじ3
　│ 塩 … 小さじ1/2
　└ こしょう … 適量
エンダイブ … 5枚
レタス … 2枚
クレソン … 3本
マッシュルーム … 2個
ラディッシュ … 2個
サラダ油 … 少々

❶ 牛肉はAをすり込み、20分常温に置く。

❷ フライパンにサラダ油を熱して①を入れ、強火で全体に焼き色をつける。弱火にしてふたをし、両面を5分ずつ焼く。取り出してアルミホイルに包み、30分休ませる。

❸ ②のフライパンに赤ワインを入れ、こびりついた肉のうまみをこそげてキッチンペーパーでこす。Bとともに小鍋に入れ、弱火で2/3量になるまで煮詰める。火を止めてCで味を調える。

❹ エンダイブとレタスはちぎり、クレソンは3cm長さに、マッシュルームとラディッシュは薄切りにする。器に盛り、②を2～3mm厚さにスライスしてのせ、③をかける。

143

牛肉

牛肉のピリ辛サラダ

材料（2人分）
牛ももかたまり肉 … 100g
A ┌ ナンプラー … 大さじ2/3
  └ にんにくのすりおろし … 1/2片分
紫玉ねぎ … 1/8個
プチトマト … 4個
きゅうり … 1/2本
万能ねぎ … 2〜3本
B ┌ ナンプラー・レモンの絞り汁
  │   … 各大さじ1と1/2
  │ 砂糖 … 小さじ1
  └ 一味唐辛子 … 小さじ1
香菜 … 適量
サラダ油 … 小さじ1

1. 牛肉はAをまぶして20分ほど置く。
2. 紫玉ねぎは薄切りにし、プチトマトは半分に、きゅうりは縦半分に切って斜め薄切りにする。万能ねぎは5cm長さに切る。
3. フライパンにサラダ油を熱して①を入れ、全体にしっかり焼き色をつけて取り出す。さめたら5mm厚さに切る。
4. ボウルにB、②、③を入れてあえ、器に盛って香菜を添える。

牛肉の紅しょうが焼きサラダ

材料（2人分）
牛こま切れ肉 … 180g
塩・こしょう … 各少々
ほうれんそう … 1/2束
黄ピーマン … 少々
A ┌ 塩・こしょう … 各少々
  │ 酢 … 小さじ1/2
  │ 砂糖 … 少々
  └ ごま油 … 小さじ1/2
紅しょうが … 大さじ1と1/2
B ┌ 砂糖 … 大さじ1弱
  │ しょうゆ … 大さじ2/3
  └ 酒 … 大さじ1
サラダ油 … 大さじ1/2

1. 牛肉は塩とこしょうをまぶす。ほうれんそうはゆでて冷水にとり、水けを絞って3cm長さに切る。黄ピーマンは薄切りにする。
2. ボウルにAをよく混ぜ合わせ、ほうれんそうと黄ピーマンを加えて軽く混ぜ、器に盛る。
3. フライパンにサラダ油を熱し、牛肉を炒める。紅しょうがとBを加えて汁けをとばしながら炒め、②にのせる。

牛肉の
エスニック風
サラダ

材料（2人分）
牛もも薄切り肉 … 100g
豆もやし … 100g
にら … 1/2束
にんにくの薄切り … 1/2片分
A ┃ 塩 … 小さじ1/3
　┃ こしょう … 少々
　┃ レモンの絞り汁 … 1/2個分
サラダ油 … 大さじ1

❶ 牛肉はサッとゆでてすぐ氷水にとり、水けをきって食べやすく切る。

❷ 豆もやしはひげ根をとり、にらは4cm長さに切る。ともにサッとゆでて水にとり、水けをきる。

❸ フライパンにサラダ油とにんにくを入れ、弱火でこんがり炒めて取り出す。フライパンに残った油をAに加えて混ぜ合わせる。

❹ 器に②を盛って①をのせ、にんにくを散らしてAをかける。

牛肉の
ガーリック風味
サラダ

材料（2人分）
牛ロース肉ステーキ用 … 2枚
塩・こしょう … 各少々
サラダ用ほうれんそう … 1/2束
セロリ … 1/4本
にんにく … 1片
玉ねぎ … 小1/8個
A ┃ しょうゆ … 大さじ1/2
　┃ 酢 … 大さじ1/2
サラダ油 … 大さじ1

❶ 牛肉は1cm幅に切り、両面に塩とこしょうをふる。

❷ サラダ用ほうれんそうはざく切りにし、セロリとにんにくは薄切りにする。玉ねぎは薄切りにして水にさらし、水けをきる。

❸ フライパンにサラダ油とにんにくを入れ、弱火でこんがり炒めて取り出す。続いて①を炒め、Aを加えてざっと混ぜる。

❹ 器に②、③を盛り合わせ、牛肉の焼き汁をまわしかける。

魚介

白身魚のサラダ仕立て

材料（2人分）
自身魚（刺身用のさく）… 50g
トマト … 1/4個
グレープフルーツ … 1/4個
レタス … 1枚
あさつき … 2～3本
A ┃ 酢 … 大さじ1/2
　 ┃ 塩・こしょう … 各少々
　 ┃ オリーブ油 … 大さじ1と1/2

❶ 自身魚は薄いそぎ切りにする。トマトは1cm角に切り、グレープフルーツは果肉を薄皮から出して小さくほぐす。

❷ レタスは食べやすくちぎり、あさつきは小口切りにする。

❸ 器にレタスを敷いて白身魚を盛り、トマト、グレープフルーツ、あさつきを散らして、よく混ぜ合わせたAをかける。

かじきのムニエル・エスニックサラダ

材料（2人分）
かじき … 2切れ
塩・こしょう・小麦粉 … 各少々
玉ねぎ … 1/2個
しめじ … 1/2パック
豆苗 … 1/2パック
赤ピーマン … 少々
ワンタンの皮 … 3枚

A｜ 酢 … 大さじ2
　　ナンプラー … 大さじ2/3
　　酒 … 大さじ2/3
　　砂糖 … 小さじ1/4
　　ごま油 … 大さじ1/2
　　ラー油 … 少々

揚げ油 … 適量
サラダ油 … 大さじ1/2

❶ かじきは食べやすく切って塩、こしょうをふり、小麦粉をまぶす。
❷ 玉ねぎは薄切りにして水にさらし、水けをきる。しめじと豆苗は根元を切り落とし、塩ゆでする。赤ピーマンは1cm角に切り、ワンタンの皮は縦6等分に切る。
❸ フライパンに油を170度に熱し、ワンタンの皮をカラッと揚げる。フライパンをきれいにしてサラダ油を熱し、①を返しながらこんがり焼く。
❹ 器に②の野菜と③のかじきを盛り、ワンタンの皮をのせる。よく混ぜ合わせたAをかける。

かつおの香味油サラダ

材料（2人分）
かつお（刺身用のさく） … 200g
オクラ … 3本
塩 … 少々
きゅうり … 1本

A｜ しょうがのせん切り … 1/2かけ分
　　しょうゆ … 大さじ1強
　　みりん … 小さじ1/2

青じそ … 2枚
にんにくの薄切り … 1/2片分
サラダ油 … 大さじ1と1/2

❶ かつおは2cm角に切る。オクラは塩で板ずりして水洗いし、2mm厚さの小口切りにする。きゅうりは乱切りにする。
❷ ボウルにAをよく混ぜて①をあえ、器に盛ってちぎった青じそをのせる。
❸ フライパンにサラダ油とにんにくを入れて中火で熱し、きつね色になったら油ごと②にまわしかける。

147

魚介

いわしのキムチ巻き
フライサラダ

材料（2人分）
いわし … 3尾
白菜キムチ … 50g
セロリ … 1/2本
クレソン … 1束
サニーレタス … 4枚
玉ねぎ … 1/8個
小麦粉・溶き卵・パン粉 … 各適量
A ┌ 酢 … 大さじ4
　└ 砂糖 … 大さじ1
揚げ油 … 適量

❶ いわしは頭とワタを取り除いて手開きにし、冷水で洗う。水けをふき、中骨と腹骨をとる。

❷ セロリは5cm長さの薄切りにし、クレソンは根元を切り落とす。サニーレタスは食べやすくちぎり、玉ねぎは薄切りにして水にさらす。すべて水けをきる。

❸ いわしの身を上にして置き、白菜キムチを等分にのせて端から巻き、ようじでとめる。小麦粉、溶き卵、パン粉の順にころもをつけ、170度の油で揚げる。粗熱がとれたら4等分に切る。これと❷を器に盛り合わせ、よく混ぜ合わせたAをかける。

材料（2人分）
いわし缶（味つき）… 1/2缶（100g）
かぶ … 2個
ラディッシュ … 3個
らっきょうの甘酢漬け … 3～4個
チャービル … 少々
A ┌ ポン酢じょうゆ … 大さじ1と1/2
　│ いわしの缶汁 … 大さじ1と1/2
　│ コチュジャン … 小さじ1/2
　└ ごま油 … 大さじ1/2

❶ いわしは缶汁をきり、食べやすく切る。

❷ かぶは半分に切って薄切りにし、ラディッシュとらっきょうの甘酢漬けは薄い輪切りにする。

❸ 器にかぶ、ラディッシュを敷き、いわしをのせて、らっきょうとチャービルを散らす。よく混ぜ合わせたAをかける。

いわしとかぶの
らっきょう風味サラダ

いわしの
カルパッチョ風

材料（2人分）
いわし（刺身用）… 小2尾
塩 … 小さじ1/4
玉ねぎ … 1/8個
パセリ … 1/2枝
にんにく … 1/4片
トマト … 1/4個
レモンの絞り汁 … 小さじ1
A ［ オリーブ油 … 大さじ1
　　 こしょう … 少々 ］
パルメザンチーズ … 20g
レタス・トレビス … 各適量

❶ いわしは三枚おろしにし、塩をふって20～30分置く。

❷ 玉ねぎ、パセリ、にんにくはみじん切りにし、トマトは粗みじんに切る。

❸ ①の汁をふいてレモンの絞り汁をかけ、皮をはいで薄いそぎ切りにする。器に並べて②を散らし、**A**をふりかける。削ったパルメザンチーズをのせ、ちぎったレタスとトレビスを添える。

揚げざけの
マリネサラダ

材料（2人分）
生ざけ … 2切れ
小麦粉 … 少々
A ［ 玉ねぎのみじん切り … 1/4個分
　　 パセリのみじん切り … 大さじ1/2
　　 白ワインビネガー … 大さじ2
　　 塩 … 小さじ1/2
　　 粗びき黒こしょう・砂糖 … 各小さじ1/4
　　 オリーブ油 … 大さじ3 ］
レタス … 2～3枚
ラディッシュ … 1個
ライム … 1/4個
揚げ油 … 適量

❶ 生ざけは皮と骨をとって1cm幅に切り、小麦粉をまぶしてねじる。170度に熱した油でカリッと揚げ、熱いうちによく混ぜ合わせた**A**に漬けて20～30分置く。

❷ レタスは冷水につけて水けをきり、食べやすくちぎる。ラディッシュは薄い輪切りにし、ライムは薄いいちょう切りにする。

❸ 器にレタスとラディッシュを盛り、①を漬け汁ごとのせてライムを添える。

魚介

刺身と香菜のアジアンサラダ

材料（2人分）
白身魚（刺身用のさく）… 160g
ブロッコリースプラウト … 1/2パック
香菜 … 2株
万能ねぎ … 4本
大根 … 3cm
A
- ナンプラー … 大さじ1と1/2
- レモンの絞り汁・みりん … 各大さじ1
- しょうゆ … 小さじ1
- ごま油 … 小さじ2
- 塩・こしょう … 各適量

❶ 白身魚は薄いそぎ切りにし、器に盛る。
❷ ブロッコリースプラウト、香菜、万能ねぎは3〜4cm長さに切り、大根はせん切りにする。
❸ ボウルにAをよく混ぜ合わせ、少量を①にまわしかける。残りのAに②を加えてあえ、白身魚の上にのせる。

あぶりまぐろのレモンドレッシングサラダ

材料（2人分）
まぐろ（刺身用のさく）… 150g
A
- オリーブ油 … 大さじ1/2
- 粗びき黒こしょう・塩 … 各少々
- エストラゴン（乾燥）… 小さじ1

レモン … 1/2個
B
- オリーブ油 … 大さじ1
- しょうゆ … 大さじ1
- 練りわさび … 小さじ1/2

水菜 … 1/4束
紫玉ねぎ … 1/8個
きゅうり … 1/3本

❶ まぐろはAをまぶし、強火で熱したフライパンに入れて表面を軽く焼く。粗熱がとれたら7mm厚さに切る。
❷ レモンは皮をすりおろし、果肉を絞ってともにBとよく混ぜる。
❸ 水菜は4cm長さに切り、紫玉ねぎは薄切りにし、水にさらして水けをよくきる。きゅうりはせん切りにする。これを器に敷き、①をのせて②をかける。

かきのグリーンマリネ

材料（2人分）
かきのむき身 … 6個
大根おろし … 1/2カップ
片栗粉 … 大さじ1
きゅうり … 1本
マッシュルーム … 2個
レモンの絞り汁 … 少々
A ┌ 酢 … 大さじ1
　│ 塩・こしょう … 各少々
　│ パセリのみじん切り … 大さじ1
　│ 水 … 大さじ1
　└ オリーブ油 … 小さじ1

❶ かきは大根おろしをまぶして汚れをとり、流水で洗って水けをきる。片栗粉をまぶしてサッとゆで、氷水にとって水けをきる。

❷ きゅうりは薄い輪切りに、マッシュルームは薄切りにしてレモンの絞り汁をかける。

❸ ボウルにAをよく混ぜ合わせ、①、②をあえる。冷蔵室でしばらく味をなじませる。

主食
サラダ

ごはんや麺、パンと一緒に
ワンプレートで大満足の主食サラダ。
手軽に作れるのに、
彩りもよくて、ヘルシーなメニューは
ランチにもぴったりです。

ごはん

まぐろとアボカドのどんぶり

材料（2人分）
まぐろ（刺身用のさく）… 100g
アボカド … 1/2個
レモンの絞り汁 … 大さじ1/2
プチトマト … 4個
塩 … 少々
A
- しょうゆ … 大さじ1
- 練りわさび … 小さじ1/4
- レモンの絞り汁 … 小さじ1
- こしょう … 少々
- オリーブ油 … 大さじ2

温かいごはん … 茶碗2杯分
焼きのり … 適量
レタス … 適量

❶ まぐろは1cm角に切る。アボカドは種をとって皮をむき、1cm角に切ってレモンの絞り汁をふる。

❷ プチトマトは皮を湯むきして縦半分に切り、塩をふって水けをふく。①とともによく混ぜ合わせた**A**であえる。

❸ 器にごはんを盛り、大きめにちぎったのりを散らして②をのせ、せん切りにしたレタスを添える。

ジンジャーポークボウルサラダ

材料（2人分）
豚ロース薄切り肉 … 160g
A ┌ しょうゆ … 大さじ1と1/2
　├ 酒 … 大さじ1
　├ にんにくのすりおろし … 小さじ1/4
　└ しょうがの絞り汁 … 大さじ1/2
春菊 … 1/2束
にんじん … 1/4本
大根 … 2cm
B ┌ しょうゆ・酢・サラダ油 … 各大さじ1/2
　├ ごま油 … 小さじ1/2
　└ 白すりごま … 大さじ1/4
温かいごはん … 茶碗2杯分
刻みのり … 適量
サラダ油 … 大さじ2/3

❶ 豚肉は長さを半分に切り、よく混ぜ合わせたAに漬けておく。

❷ 春菊は根元を切り落とし、3cm長さに切る。にんじんと大根はピーラーで薄く削る。これらをBでサッとあえる。

❸ フライパンにサラダ油を熱し、①を漬け汁ごと入れて両面をこんがり焼く。

❹ 器にごはんを盛って②を敷き、③をのせて刻みのりを添える。

アボカドと米のレモンペッパー

材料（2人分）
アボカド … 1個
レモンの絞り汁 … 1/2個分
玉ねぎ … 1/8個
温かいごはん … 100g
A ┌ オリーブ油 … 小さじ1
　├ 粗びき黒こしょう … 小さじ1/4
　└ 塩 … 小さじ1/2
ピンクペッパー … 適量

❶ アボカドは種をとって皮をむき、一口大に切ってレモンの絞り汁をふる。

❷ 玉ねぎはみじん切りにし、水にさらして水けを絞る。

❸ ボウルにごはんを入れて軽くほぐし、②とAを加えてさっくり混ぜる。アボカドをつぶさないように混ぜ合わせ、器に盛ってピンクペッパーをつぶしながら散らす。

材料（2人分）

牛ひき肉 … 150g
玉ねぎのみじん切り … 1/4個分
にんにくのみじん切り … 1片分
A ┌ 水 … 大さじ2強
　├ 塩・こしょう … 各少々
　└ 固形コンソメスープの素 … 1/2個
チリパウダー … 大さじ1/2
トマト … 1個
B ┌ 玉ねぎのみじん切り … 1/8個分
　├ パセリのみじん切り … 少々
　├ レモンの絞り汁 … 大さじ1/2
　├ 塩・こしょう … 各少々
　└ サラダ油 … 大さじ1/2
温かいごはん … 茶碗2杯分
レタスのせん切り … 2枚分
チェダーチーズ … 適量
レモンのくし形切り … 2切れ
サラダ油 … 大さじ1/2

タコライス

❶ フライパンにサラダ油を熱して、玉ねぎとにんにくを炒め、牛ひき肉を加えてポロポロになるまで炒める。Aを加えて汁けがなくなるまで炒め、チリパウダーをざっと混ぜる。

❷ トマトは皮を湯むきして種をとり、Bと混ぜ合わせる。

❸ 器にごはんを盛り、①、②、レタス、1cm角に切ったチェダーチーズをのせて、レモンを添える。

クスクスの タコサラダ

材料（2人分）

クスクス … 80g
豚ひき肉 … 200g
レタス … 4枚
トマト … 1個
きゅうり … 1/2本
玉ねぎ … 1/2個
にんにくのみじん切り … 少々

A ┌ ウスターソース … 大さじ2
　├ トマトケチャップ … 大さじ2
　├ しょうゆ … 小さじ2
　└ 塩・こしょう … 各少々
卵 … 2個
オリーブ油 … 小さじ2
スイートチリソース … 適量
サラダ油 … 適量

❶ レタスは粗みじん切りにし、トマトときゅうりは1cm角に切る。玉ねぎはみじん切りにする。

❷ フライパンにサラダ油を熱し、にんにくと玉ねぎを弱火で炒める。しんなりしたらひき肉を炒め合わせ、Aを加えてからめる。一度取り出し、同じフライパンに卵を割り入れて目玉焼きを作る。

❸ クスクスは表示通りに戻し、オリーブ油を混ぜる。

❹ 器に③を盛り、レタス、トマト、きゅうり、②のひき肉を順に重ねる。目玉焼きをのせ、スイートチリソースをかける。

155

ごはん・麺

パリパリビビンバ

材料（2人分）
- 牛ひき肉 … 100g
- A[しょうゆ … 大さじ1
-   みりん … 大さじ1
-   酒 … 大さじ1]
- 卵 … 2個
- 白菜キムチ … 80g
- にら … 1/2束
- にんじん … 1/4本
- もやし … 1/2袋
- 塩・ごま油 … 各適量
- ごはん … 茶碗2杯分
- バター … 大さじ1
- 白いりごま … 小さじ1
- サラダ油 … 大さじ1

① フライパンにサラダ油を熱し、ひき肉を炒める。色が変わったらAを加えて煮からめる。卵は割りほぐし、いり卵を作る。

② 白菜キムチはざく切りにし、にらは4cm長さに、にんじんはせん切りにする。もやしはひげ根をとる。それぞれに塩・ごま油各少々を加えてあえる。

③ ごはんは1人分ずつ器の大きさに合わせて丸く平らにまとめ、熱したフライパンで両面に焦げ目をつける。バターを加えて全体になじませ、器に盛る。

④ 熱いうちに①、②を等分に盛り合わせ、いりごまをふる。

たっぷり野菜の冷やしうどん

材料（2人分）
- 生うどん … 2玉
- 大根 … 1/4本
- 水菜 … 1株
- ツナ缶 … 小1缶（70g）
- 油揚げ … 1枚
- しめじ … 1/2パック
- A[めんつゆ（ストレートタイプ）
-     … 1/2カップ
-   しょうゆ … 小さじ1/2
-   白すりごま … 大さじ1]

① 大根はすりおろし、軽く水けをきる。水菜は2cm長さに切り、ツナは缶汁をきる。

② 油揚げはこんがりと焼き、1cm幅に切る。しめじは小房に分けてグリルで焼く。

③ うどんは表示通りゆで、水でもみ洗いして水けをきる。

④ ボウルにAをよく混ぜ合わせ、①〜③を加えてひと混ぜし、器に盛る。

にらとまぐろ納豆のそうめん

材料（2人分）
にら … 2/3束
まぐろの赤身（刺身用）… 80g
納豆 … 小3パック
A ┌ 塩・しょうゆ … 各小さじ1
　│ こしょう … 少々
　└ ごま油 … 大さじ2
そうめん（乾燥）… 100g
白いりごま … 大さじ1
だし汁（冷やしておく）… 2/3カップ

❶ にらは粗みじんに切り、まぐろは1cm角に切る。

❷ ボウルににら、納豆、Aをよく混ぜ、まぐろも加えてざっと混ぜる。

❸ そうめんは表示通りにゆで、冷水にとってもみ洗いし、水けをきる。

❹ 器にそうめんを盛り、②をのせていりごまをふり、だし汁を注ぐ。

ごまだれサラダそうめん

材料（2人分）
そうめん（乾燥）… 100g
鶏胸肉（皮なし）… 50g
A ┌ 塩 … 小さじ1/4
　└ 酒 … 小さじ1
きゅうり … 1/2本
にんじん … 1/4本
レタス … 1/8個
B ┌ しょうゆ・酢 … 各大さじ2
　│ 砂糖 … 大さじ2/3
　│ 水 … 大さじ3
　│ ごま油 … 小さじ1
　└ 長ねぎのみじん切り … 大さじ1/2
白練りごま … 大さじ2
白いりごま … 少々

❶ 鶏肉はAをふって耐熱皿にのせ、ラップをかぶせて電子レンジ（600W）で約4分加熱する。粗熱がとれたら粗くほぐす。

❷ きゅうりとにんじんは4cm長さのせん切りにし、レタスは大きめにちぎる。そうめんは表示通りにゆで、流水でもみ洗いして水けをきる。

❸ ボウルに練りごまを入れ、よく混ぜ合わせたBを少しずつ加えて溶きのばす。

❹ 器にレタスとそうめんを一口サイズに盛り、①、きゅうり、にんじんをのせていりごまをふる。③のたれを添える。

麺

フレッシュトマトのサラダパスタ

材料（2人分）
スパゲティ（カッペリーニ）… 100g
トマト … 2個
なす … 1個
塩・こしょう … 各少々
A [塩 … 小さじ1
砂糖 … 小さじ1/2
こしょう … 少々
レモンの絞り汁 … 大さじ1
粒マスタード … 大さじ1
オリーブ油 … 大さじ4]
バジル（生）… 適量
オリーブ油 … 大さじ1と1/2

❶ トマトは皮を湯むきして種をとり、1.5cm角に切る。なすは2cm角に切り、オリーブ油でしんなりするまで炒めて、塩とこしょうをふる。

❷ ボウルにAをよく混ぜ合わせ、トマトを加えて冷やす。

❸ スパゲティは表示よりやわらかめにゆで、流水でさまして水けをきる。これを②に加えてざっと混ぜ、器に盛ってなすをのせ、バジルを添える。

パン

ベイクドポテトトースト

材料（2人分）
バゲット（細めで長さ25cmくらい）
　… 1本
じゃがいも … 1個
コンビーフ缶 … 1/2缶（50g）
セロリ … 1/6本
パセリ … 1/2枝
きゅうりのピクルス … 少々
A ┃ 塩・こしょう … 各少々
　┃ マヨネーズ … 大さじ1
B ┃ にんにくのすりおろし … 1/2片分
　┃ バター … 大さじ1と1/2
ピザ用チーズ … 30g
プチトマト … 3個
ルッコラ … 適量

❶ じゃがいもは皮をむいて一口大に切り、やわらかくゆでる。湯を捨て、再び火にかけて水分をとばし、ボウルに移して熱いうちにフォークでつぶす。

❷ コンビーフはほぐす。セロリ、パセリ、きゅうりのピクルスはみじん切りにする。これらとAを①に加えて混ぜる。

❸ バゲットは厚みを半分に切り、練り混ぜたBをぬって、オーブントースターで軽く焼く。②とピザ用チーズ、半分に切ったプチトマトをのせ、再びチーズが溶けるまで焼いてルッコラをのせる。

ブレッドサラダ

材料（2人分）
スナップえんどう … 4本
プチトマト … 4個
レタス … 1/4個
マッシュルーム … 3個
レモンの絞り汁 … 少々
ベーコン … 2枚
バゲット … 1/4本
にんにく … 1/2片
黒オリーブ … 4個
A ┃ マヨネーズ … 大さじ1
　┃ 白ワインビネガー … 大さじ1/2
　┃ 塩・こしょう … 各適量
　┃ 玉ねぎのすりおろし … 大さじ1/2
　┃ にんにくのすりおろし … 小さじ1/2
　┃ オリーブ油 … 大さじ2と1/2
オリーブ油 … 大さじ1

❶ スナップえんどうは筋をとり、塩ゆでする。プチトマトは縦半分に切り、レタスはちぎる。マッシュルームは薄切りにして、レモンの絞り汁をかける。

❷ ベーコンは2cm幅に切り、バゲットは2cm角に、にんにくはつぶす。

❸ フライパンにオリーブ油とにんにくを入れて火にかけ、バゲットを加えて返しながらこんがりと焼き、取り出す。同じフライパンでベーコンをカリカリに炒める。

❹ ①、③、黒オリーブをざっと混ぜて器に盛り、よく混ぜ合わせたAをかける。

STAFF

デザイン／髙橋朱里、菅谷真理子（マルサンカク）
撮影／今清水隆宏、金子吉輝、鈴木泰介、竹内章雄、矢野宗利
料理制作／斉藤辰夫、浜内千波、結城寿美江、渡部和泉
スタイリング／渥美友里、大畑純子、鈴木亜希子、中村和子、渡辺美穂
文／菊池香理
校閲／滄流社
編集／上野まどか

サラダ便利帳

編集人　小田真一
発行人　永田智之
発行所　株式会社主婦と生活社
　　　　〒104-8357 東京都中央区京橋3-5-7
　　　　TEL 03-3563-5321（編集部）
　　　　TEL 03-3563-5121（販売部）
　　　　TEL 03-3563-5125（生産部）
　　　　http://www.shufu.co.jp
製版所　東京カラーフォト・プロセス株式会社
印刷所　大日本印刷株式会社
製本所　株式会社若林製本工場

ISBN978-4-391-15188-6

落丁・乱丁の場合はお取り替えいたします。
お買い求めの書店か、小社生産部までお申し出ください。

R 本書を無断で複写複製（電子化を含む）することは、著作権法上の例外を除き、禁じられています。本書をコピーされる場合は、事前に日本複製権センター（JRRC）の許諾を受けてください。また、本書を代行業者等の第三者に依頼してスキャンやデジタル化をすることは、たとえ個人や家庭内の利用であっても一切認められておりません。
JRRC（https://jrrc.or.jp Eメール：jrrc_info@jrrc.or.jp TEL 03-3401-2382）

＊本書は、別冊すてきな奥さん『野菜がおいしいサラダ300』、『作りおきも、できたても！おいしいサラダ300』、『全プロセスつき！基本の和食』『全プロセスつき！時短おかず』（すべて主婦と生活社刊）から、読者に人気の高かったサラダを厳選し、新規撮影分を加えて再編集・書籍化したものです。

©SHUFU-TO-SEIKATSUSHA 2018 printed in Japan